일본어가 쑥쑥 자라는

NEW
스쿠스쿠
すくすく
日本語
기초완성 上

하영애·우노 히토미 공저

PAGODA Books

NEW すくすく 日本語 기초완성 ㊤

일본어가 쑥쑥 자라는

초판	1쇄 발행	2010년 4월 20일
개정판	1쇄 인쇄	2013년 5월 31일
개정판	1쇄 발행	2013년 6월 7일
개정판	30쇄 발행	2025년 9월 5일

지 은 이	하영애, 우노 히토미
펴 낸 이	박서진
펴 낸 곳	PAGODA Books 파고다북스
출판등록	2005년 5월 27일 제 300-2005-90호
주 소	06614 서울특별시 서초구 강남대로 419, 19층(서초동, 파고다타워)
전 화	(02) 6940-4070
팩 스	(02) 536-0660
홈페이지	www.pagodabook.com
저작권자	ⓒ 2013 하영애, 우노 히토미

이 책의 저작권은 저자에게 있습니다. 서면에 의한 저작권자와 출판사의 허락 없이
내용의 일부 혹은 전부를 인용 및 복제하거나 발췌하는 것을 금합니다.

Copyright ⓒ 2013 by Young-ae Ha, Hitomi Uno

All rights reserved. No part of this publication may be reproduced, stored
in a retrieval system, or transmitted, in any form, or by any means, electronic,
mechanical, photocopying, recording or otherwise, without the prior written
permission of the copyright holder and the publisher.

ISBN 978-89-6281-360-9 (18730)

파고다북스	www.pagodabook.com
파고다 어학원	www.pagoda21.com
파고다 인강	www.pagodastar.com
테스트 클리닉	www.testclinic.com

l 낙장 및 파본은 구매처에서 교환해 드립니다.

NEW すくすく 日本語 기초완성 上

머리말

 국제화가 진행되는 요즘, 옛날부터 [가깝고도 먼 나라]라고 불렸던 한일 양국의 문화교류도 점점 많아지고, 그 덕분에 가장 가까운 서로의 나라에 대한 관심도 높아져 있습니다.

 다른 문화를 이해하는 데 있어서 가장 큰 장애물이 되는 것은 역시 언어의 벽이라고 생각합니다.
이 언어의 벽을 없애므로 해서 소통이 가능해지고 세계는 크고 넓어지게 됩니다.

 이 책을 손에 든 모든 분들은, 목적이 무엇이든 새롭게 일본어를 시작하려고 생각하고 있는 것이겠지요. 이 책은 그런 여러분에게 이제부터의 공부가 보다 효율적이고 즐거운 것이 되도록 연구하면서 만들어졌습니다.

 [말하기, 듣기, 쓰기, 읽기]의 외국어 습득의 4가지 영역의 능력을 향상시키는 것을 목표로 문법을 체계적으로 습득하고, 단어를 늘려서 일상 생활에 활용할 수 있는 일본어다운, 실용적인 표현을 익히게 하는 것, 그리고 문화적인 요소를 포함시켜서 일본 문화나 일본인의 생활에 흥미를 가지도록 하는 것에 중점을 두었습니다.

 이 책을 통해서 일본어를 할 수 있는 기쁨과 말할 수 있는 즐거움을 느끼게 될 것 입니다. 틀림없이 책 이름처럼 일본어 실력이 [무럭무럭, 쑥쑥] 자라는 것을 느낄 것입니다.

 끝으로 이 책을 출간하는데 지원을 아끼지 않으셨던 박경실 회장님과 **PAGODA** Books 의 여러분들, 협력해 주셨던 파고다 학원의 일본어과 선생님들, 그리고 응원해 주신 모든 분들에게 감사의 마음을 전합니다.

저자 **하영애, 우노 히토미**

일러두기

학습목표(ポイント)
각 과에서 학습해야 하는 문법의 목표를 한 눈에 쏙 들어오게 정리하였습니다. 학습 후에는 제시된 학습포인트를 스스로 확인하면서 복습할 수 있습니다.

회화본문
각 과에서 습득한 문형을 쉽고 자연스러운 문장으로 회화연습을 할 수 있도록 하였습니다. 이 대화문만 통째로 외우면 일본사람과 바로 대화할 수 있도록 하였습니다.

외워보자
일본사람과 대화할 때에 꼭 필요한 중요한 문형과 문법사항을 예문과 더불어 쉽고 간결하게 정리하였습니다. 또한 예문에 대한 해석이 바로 옆에 되어 있고, 아래에 단어 정리도 되어 있어 바로바로 확인할 수 있도록 하였습니다.

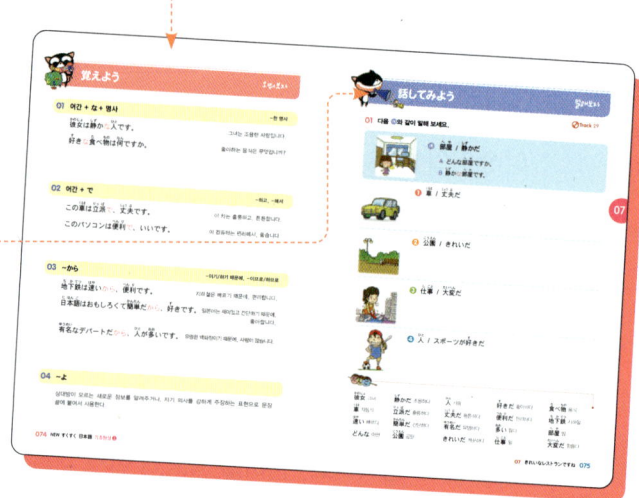

말해보자
학습한 문형에 더욱 다양한 어휘를 넣어서 말해보는 패턴 연습을 통해 중요한 문형과 어휘를 입으로 익힐 수 있도록 하였습니다. 또한 MP3에 수록된 일본사람의 발음을 듣고 따라하면서 실제 일본사람처럼 말할 수 있도록 하였습니다.

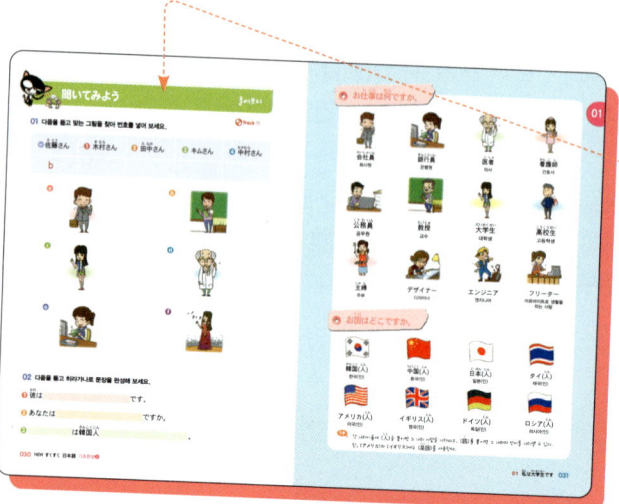

들어보자
상대방의 말이 들려야 대화를 할 수 있습니다. 각 과에서 습득한 문형을 이용한 자연스러운 대화와 문제를 통해 확실하게 귀를 뚫을 수 있습니다.

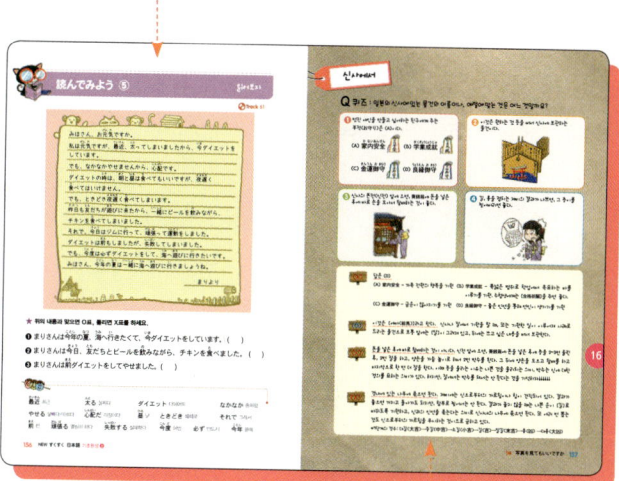

읽어보자

3개의 과 또는 4개의 과에서 배운 문형을 종합한 다양한 형태의 독해 지문을 통해 문장 해석 능력과 문장 이해력을 향상시켜 시험 대비 등을 할 수 있습니다.

일본문화

퀴즈형식으로 일본문화에 대한 진실과 오해(?), 그리고 한국 문화와의 다른 점을 체험할 수 있습니다.

워크북

각 과에서 습득한 단어, 문형 등을 복습할 수 있도록 만들었습니다.

1. 한자를 히라가나로, 히라가나를 한자로 쓰기
2. 히라가나를 카타카나로, 카타카나를 히라가나로 쓰기
3. 일본어 문장을 한국어로 해석하기
4. 한국어 문장을 일본어로 작문하기
5. 단어와 문장을 듣고 받아쓰기

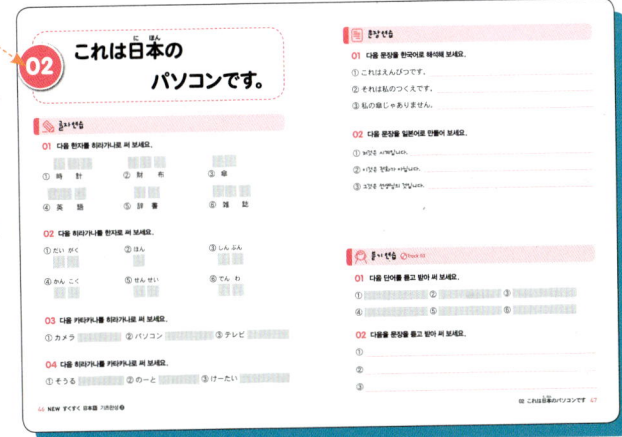

이 책을 효과적으로 사용하려면?

먼저 **학습 포인트**로 학습목표를 확인하고,
외워보자로 문형과 문법을 다지고,
말해보자로 입을 떼고,
들어보자로 귀를 뚫고,
회화 본문으로 자연스러운 회화를 습득하고,
워크북으로 각 과에서 배운 내용을 복습하면 됩니다!!!!!

차례

히라가나를 외우자

1. 50음도 2. 청음 3. 탁음 4. 반탁음
5. 요음   6. 발음 7. 촉음 8. 장음

01 私は大学生です。 저는 대학생입니다. ... 24
1. 명사 익히기
2. ~は~です
3. ~は~ですか
4. いいえ、~じゃありません

02 これは日本のパソコンです。 이것은 일본 컴퓨터입니다. ... 32
1. 지시어 익히기
2. ~は何ですか
3. ~の
4. ~のです

03 図書館は何時から何時までですか。 ... 40
도서관은 몇 시부터 몇 시까지입니까?
1. 숫자 익히기 (0~99)
2. 시간, 분 말하기
3. ~から~まで

04 学校はうちから遠いですか。 학교는 집에서 먼가요? ... 48
1. い형용사 익히기
2. (い형용사) ~です
3. (い형용사) ~くありません
4. ~が

05 この白いケータイは軽くていいですね。 ... 56
이 하얀 휴대폰은 가볍고 좋네요.
1. い형용사의 명사 수식
2. ~くて
3. ~はどうですか

06 カラオケが好きですか。 노래방을 좋아하나요?　　64
1. な형용사 익히기　　2. (な형용사) ～です
3. (な형용사) ～じゃありません　　4. ～が上手です

07 きれいなレストランですね。 깨끗한 레스토랑이네요.　　72
1. な형용사의 명사 수식　　2. ～で
3. ～から

08 東京とソウルとどちらが寒いですか。　　80
동경과 서울과 어느 쪽이 춥나요?
1. ～と～とどちらが～ですか　　2. (～より)～の方が～です
3. ～の中で何が一番～ですか　　4. ～が一番 ～です

09 このかばんはいくらですか。 이 가방은 얼마입니까?　　88
1. 큰 수 익히기　　2. 금액, 조수사 익히기
3. ～はいくらですか　　4. ください

10 この近くに銀行がありますか。 이 근처에 은행이 있나요?　　96
1. 위치 명사 익히기　　2. ～に～があります
3. ～に～がいます

차례

⑪ 旅行は8月4日まででした。　여행은 8월 4일까지였습니다.　**104**

    1. 날짜, 요일 익히기　　　　　2. 명사, 형용사 과거형 익히기
    3. 何月何日ですか　　　　　　4. ～はいつですか

⑫ よくカラオケに行きますか。　자주 노래방에 가세요?　**114**

    1. 동사 익히기　　　　　　　　2. ～ます
    3. ～ません　　　　　　　　　4. 조사 익히기

⑬ 一緒に買い物に行きませんか。　함께 쇼핑하러 가지 않겠습니까?　**122**

    1. ～ました　　　　　　　　　2. ～ませんでした
    3. ～ませんか　　　　　　　　4. ～ましょう(か)
    5. ます형/동작성 명사 + に

⑭ 私もおいしいものが食べたいです。　**132**
　　　　　　　　　　　　　　　저도 맛있는 것이 먹고 싶습니다.

    1. ます형 + ながら　　　　　　2. ます형 + たい
    3. ～がほしい

⑮ 3つ目の駅で降りてください。　3번째 역에서 내리세요.　**140**

    1. て형 익히기　　　　　　　　2. ～てください
    3. ～ている

⑯ 写真を見てもいいですか。　사진을 봐도 됩니까?　**148**

    1. ～てしまう　　　　　　　　2. ～てもいいです
    3. ～てはいけません　　　　　4. ～て、～ます

⑰ 北海道に行ったことがありますか。　　　　158
　　　　　　　　　　　　　　　　훗카이도에 간 적이 있습니까?

1. た형 익히기　　　　2. ~たことがある
3. 기본형 + 前に　　　4. ~た後で

⑱ 花火を見たり、まつりに行ったりしました。　　166
　　　　　　　　　　　　　불꽃놀이를 보거나 축제에 가거나 했습니다.

1. ~たり~たりする　　2. ~たばかりだ
3. 기본형 + ことができる

⑲ パソコンは使わないでください。　컴퓨터는 사용하지 마세요.　174

1. ない형 익히기　　　2. ~ないでください
3. 형용사의 부사형 익히기

⑳ ここは賑やかすぎて、住みにくいです。　　182
　　　　　　　　　　　　여기는 지나치게 번화해서, 살기 불편합니다.

1. ~やすい　　　　　2. ~にくい
3. ~すぎる

부록　　해석 | 정답 및 스크립트
별책 부록　워크북 | 귀로 배우는 MP3 | 단어장

● 워크북 정답 다운로드 www.pagodabook.com

ひらがな

	あ행	か행	さ행	た행	な행
あ단	あ あり 개미	か かお 얼굴	さ さる 원숭이	た たこ 문어	な なし 배
い단	い いぬ 개	き きく 국화	し しか 사슴	ち ちかてつ 지하철	に にわ 마당
う단	う うえ 위	く くつ 구두	す すいか 수박	つ つき 달	ぬ ぬりえ 색칠그림
え단	え えき 역	け けむり 연기	せ せみ 매미	て てんき 날씨	ね ねこ 고양이
お단	お おに 도깨비	こ こま 팽이	そ そら 하늘	と とけい 시계	の のり 김

は행	ま행	や행	ら행	わ행	
は はさみ 가위	ま まめ 콩	や やかん 주전자	ら らいねん 내년	わ わに 악어	ん きん 금
ひ ひかり 빛	み みみ 귀		り りす 다람쥐		
ふ ふね 배	む むすこ 아들	ゆ ゆめ 꿈	る るす 부재중		
へ へや 방	め めん 국수		れ れんらく 연락		
ほ ほん 책	も もり 숲	よ よる 밤	ろ ろうそく 촛불	を すしをたべる 초밥을 먹다	

히라가나를 외우자

	ア행	カ행	サ행	タ행	ナ행
ア단	ア アクセサリー 액세서리	カ カメラ 카메라	サ サイコロ 주사위	タ タクシー 택시	ナ ナイフ 나이프/칼
イ단	イ インク 잉크	キ キリン 기린	シ シーソー 시소	チ チーズ 치즈	ニ ニュース 뉴스
ウ단	ウ ウエハース 웨하스	ク クリスマス 크리스마스	ス スニーカー 운동화	ツ ツリー 트리	ヌ ヌードル 누들/국수
エ단	エ エアコン 에어컨	ケ ケータイ 휴대폰	セ セーター 스웨터	テ テレビ 텔레비전	ネ ネックレス 목걸이
オ단	オ オムライス 오므라이스	コ コーヒー 커피	ソ ソーセージ 소시지	ト トイレ 화장실	ノ ノート 노트

ハ행	マ행	ヤ행	ラ행	ワ행	
ハ ハンバーガー 햄버거	マ マフラー 머플러	ヤ タイヤ 타이어	ラ ラジオ 라디오	ワ ワイン 와인	ン パソコン 컴퓨터
ヒ ヒーター 히터	ミ ミルク 밀크/우유		リ リボン 리본		
フ フライパン 후라이팬	ム ゲーム 게임	ユ ユニホーム 유니폼	ル ルーレット 룰렛		
ヘ ヘリコプター 헬리콥터	メ メロン 멜론		レ レポート 리포트		
ホ ホテル 호텔	モ モデル 모델	ヨ ヨーグルト 요구르트	ロ ロケット 로켓	ヲ	

청음

あ (a)	い (i)	う (u)	え (e)	お (o)
あり 개미	いぬ 개	うえ 위	えき 역	おに 도깨비

TIP 「あ・い・う・え・お」는 일본어의 모음이며, 발음은 우리말의 [아・이・우・에・오]와 비슷하다.

か (ka)	き (ki)	く (ku)	け (ke)	こ (ko)
かお 얼굴	きく 국화	くつ 구두	けむり 연기	こま 팽이

TIP 「あ・い・う・え・お」에 [k]를 붙인 발음으로, 단어의 처음에 오면 우리말의 [ㄱ]과 [ㅋ]의 중간음으로 발음되고, 중간이나 끝에 오면 우리말의 [ㄲ]에 비슷하게 발음한다.

さ (sa)	し (si)	す (su)	せ (se)	そ (so)
さる 원숭이	しか 사슴	すいか 수박	せみ 매미	そら 하늘

TIP 「あ・い・う・え・お」에 [s]를 붙인 발음으로, 우리말의 [사・시・스・세・소]와 비슷하다.
「す」는 우리말의 [수]와 [스]의 중간 발음이지만 [스]에 가까운 발음이다.

ひらがなを覚えよう

た ta	ち chi	つ tsu	て te	と to
たこ 문어	ちかてつ 지하철	つき 달	てんき 날씨	とけい 시계

> **TIP** 「た행」발음은 「あ・え・お」에 [t]를 붙여서 우리말의 [타・테・토]와 비슷한 발음의 「た・て・と」와, 우리말의 [치]에 가까운 발음인 「ち」, 우리말의 [츠]에 가까운 발음인 「つ」로 나뉜다. 처음에 나올 때는 우리말의 [ㅌ, ㅊ]에 가까운 발음이지만, 중간이나 끝에 오면 된소리로 변하여 우리말의 [ㄸ, ㅉ]와 비슷하게 발음한다.

な na	に ni	ぬ nu	ね ne	の no
なし 배	にわ 마당	ぬりえ 색칠그림	ねこ 고양이	のり 김

> **TIP** 「あ・い・う・え・お」에 [n]을 붙인 발음으로 우리말의 [나・니・누・네・노]와 비슷하다. 「ぬ」는 우리말의 [누]와 [느]의 중간 발음이다.

は ha	ひ hi	ふ hu	へ he	ほ ho
はさみ 가위	ひかり 빛	ふね 배	へや 방	ほん 책

> **TIP** 「あ・い・う・え・お」에 [h]를 붙인 발음으로 우리말의 [하・히・후・헤・호]와 비슷하다.

청음 Track 02
ひらがなを覚えよう

ma	mi	mu	me	mo
ま	み	む	め	も
まめ 콩	みみ 귀	むすこ 아들	めん 국수	もり 숲

TIP 「あ・い・う・え・お」에 [m]을 붙인 발음으로 우리말의 [마・미・무・메・모]와 비슷하다.

ya	i	yu	e	yo
や	い	ゆ	え	よ
やかん 주전자		ゆめ 꿈		よる 밤

TIP 「や・ゆ・よ」는 일본어의 반모음이며, 발음은 우리말의 [야・유・요]와 비슷하다.

ra	ri	ru	re	ro
ら	り	る	れ	ろ
らいねん 내년	りす 다람쥐	るす 부재중	れんらく 연락	ろうそく 촛불

TIP 「あ・い・う・え・お」에 [r]을 붙인 발음으로, 우리말의 [라・리・루・레・로]와 비슷하다.

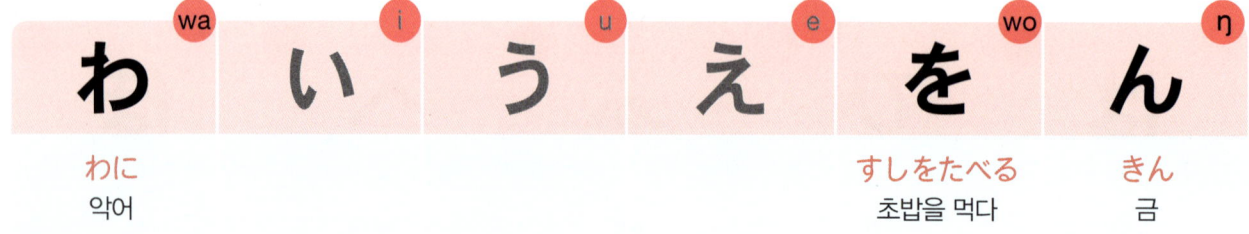

wa	i	u	e	wo	ŋ
わ	い	う	え	を	ん
わに 악어				すしをたべる 초밥을 먹다	きん 금

TIP 「わ」는 일본어의 반모음이며, 발음은 우리말의 [와]와 같다.
「を」는 [~을/를]이라는 의미의 조사로만 사용되며, 발음은 [お]와 같다.
「ん」은 우리말의 받침 역할을 한다.

탁음, 반탁음 Track 03

ひらがなを覚えよう

탁음

が ga	ぎ gi	ぐ gu	げ ge	ご go
がいこく 외국	ぎんこう 은행	ぐんじん 군인	げた 일본 나막신	ごはん 밥

TIP [が행]의 발음은 영어의 [g]와 같은 발음으로, 우리말의 [ㄱ]과는 다른 발음이므로 주의한다.

ざ za	じ zi	ず zu	ぜ ze	ぞ zo
ざりがに 가재	じしん 지진	ずつう 두통	ぜんこく 전국	ぞう 코끼리

TIP [ざ행]의 발음은 우리말에 없는 발음이므로 주의한다. 영어의 [z] 발음과 같다.

だ da	ぢ zi	づ zu	で de	ど do
だいこん 무	はなぢ 코피	てづくり 만든 것	でぐち 출구	どろぼう 도둑

TIP [だ행]의 [だ] [で] [ど]의 발음은 영어의 [d]와 같은 발음이다. [ぢ] [づ]는 [じ] [ず]와 발음이 같다.

ば ba	び bi	ぶ bu	べ be	ぼ bo
ばら 장미	びじん 미인	ぶどう 포도	べんとう 도시락	ぼく 나

TIP [ば행]의 발음은 영어의 [b] 발음과 같다.

반탁음

ぱ pa	ぴ pi	ぷ pu	ぺ pe	ぽ po
ぱくぱく 덥석덥석	ぴかぴか 번쩍번쩍	ぷんぷん 몹시 화 난 모습	ぺこぺこ 몹시 배고픈 모습	ぽかぽか 따끈따끈

TIP [ぱ행]의 발음은 단어의 처음에 올 때는 영어의 [p] 발음에 가까운 발음이고, 단어의 중간이나 뒤에 올 때는 우리말의 [ㅃ]에 가까운 발음이다.

요음

ひらがなを覚えよう

[い단]글자에 [や행]의 세 글자 [や] [ゆ] [よ]의 작은 글자를 결합시켜서 만든 글자를 요음이라고 한다. 글자는 두 개이지만, 한 박자의 음으로 발음한다.

kya きゃ	kyu きゅ	kyo きょ

きゃく 손님
きょうだい 형제
きゅうり 오이

rya りゃ	ryu りゅ	ryo りょ

りゃくじ 약자
りょうり 요리
りゅうこう 유행

sya しゃ	syu しゅ	syo しょ

しゃしん 사진
しょうせつ 소설
しゅみ 취미

gya ぎゃ	gyu ぎゅ	gyo ぎょ

ぎゃく 거꾸로 임
ぎょうじ 행사
ぎゅうにゅう 우유

cha ちゃ	chu ちゅ	cho ちょ

ちゃくりく 착륙
ちょうしょく 아침식사, 조식
ちゅうごく 중국

ja じゃ	ju じゅ	jo じょ

じゃがいも 감자
じょし 조사
じゅうしょ 주소

nya にゃ	nyu にゅ	nyo にょ

にゃあにゃあ 야옹야옹
にょうぼう 처
にゅうし 입시

bya びゃ	byu びゅ	byo びょ

びゃくや 백야
びょうき 병
びゅんびゅん 자동차 등이 빠르게 지나는 모양

hya ひゃ	hyu ひゅ	hyo ひょ

ひゃく 백
ひょうか 평가
ひゅうひゅう 바람이 심하게 부는 모습

pya ぴゃ	pyu ぴゅ	pyo ぴょ

はっぴゃく 팔백
ぴょんぴょん 깡총깡총

mya みゃ	myu みゅ	myo みょ

みゃく 맥
みょうじ 성

발음 — ひらがなを覚えよう

ん

[ん]은 우리말의 받침과 같은 역할을 한다.
뒤에 오는 글자에 따라서 네 가지 (ㄴ, ㅇ, ㅁ, ㄴ과 ㅇ의 중간음)으로 발음되며,
다른 글자와 마찬가지로 한 박자로 발음한다.

1 [ま] [ば] [ぱ]행의 앞에서는 [m]으로 발음한다.

うんめい 운명   こんぶ 다시마   えんぴつ 연필
ぶんぽう 문법

2 [さ] [ざ] [た] [だ] [な] [ら]행의 앞에서는 [n]으로 발음한다.

せんせい 선생님   かんじ 한자   はんたい 반대
ほんだな 책장   あんない 안내   べんり 편리

3 [か] [が] 행의 앞에서는 [ŋ]으로 발음한다.

ぶんか 문화   おんがく 음악   にんき 인기
にんげん 인간   りんご 사과

4 단어의 끝에 오거나, [あ] [は] [や] [わ] 행의 앞에서는 [ŋ]과 [n]의 중간발음으로 [N]이 된다.

にほん 일본   れんあい 연애   しんや 심야
でんわ 전화

촉음 Track 06

ひらがなを覚えよう

つ

작은 [っ]는 다른 글자의 오른쪽 아래에 붙여서 우리말의 받침(ㄱ, ㅅ, ㄷ, ㅂ 등)과 같은 역할을 하는데 뒤에 오는 글자에 따라서 발음이 달라진다. 다른 글자와 마찬가지로 한 박자로 발음한다.

1 [か]행의 앞에서는 [k]로 발음한다.

ぶっか 물가　　　にっき 일기　　　びっくり 깜짝 놀람

せっけん 비누　　がっこう 학교

2 [さ]행의 앞에서는 [s]로 발음한다.

いっさい 일체　　ざっし 잡지　　　せっすい 물 절약

けっせき 결석　　さっそく 당장

3 [た]행의 앞에서는 [t]로 발음한다.

はったつ 발달　　がっちり 다부진 모습　　やっつ 여덟

あさって 내일 모레　おっと 남편

4 [ぱ] 행의 앞에서는 [p]로 발음한다.

さっぱり 개운한 모습　　いっぴん 일품　　しっぷ 찜질

ほっぺ 볼　　からっぽ 속이 텅 빈 모습

장음

ひらがなを覚えよう

같은 모음이 뒤에 올 때는 뒤의 글자의 발음은 생략되고 앞에 오는 글자를 길게 발음한다.
다른 글자와 마찬가지로 한 박자로 발음한다.

1 [あ]단 글자 뒤에 [あ]가 오면 장음으로 발음한다.

おかあさん 어머니　　おばあさん 할머니　　まあまあ 그럭저럭

2 [い]단 글자 뒤에 [い]가 오면 장음으로 발음한다.

おにいさん 형, 오빠　　おじいさん 할아버지　　きいろ 노랑

3 [う]단 글자 뒤에 [う]가 오면 장음으로 발음한다.

くうき 공기　　ふうふ 부부　　すうがく 수학

4 [え]단 글자 뒤에 [え] 또는 [い]가 오면 장음으로 발음한다.

おねえさん 누나, 언니　　えいご 영어　　がくせい 학생

5 [お]단 글자 뒤에 [お] 또는 [う]가 오면 장음으로 발음한다.

こおり 얼음　　おとうさん 아버지　　こうえん 공원

あいさつことば　Track 08

아침인사

おはようございます。 안녕하세요.

おはようございます。 안녕하세요.

점심인사

こんにちは。
안녕하세요.

こんにちは。
안녕하세요.

저녁 인사

こんばんは。
안녕하세요.

こんばんは。
안녕하세요.

헤어질때인사

さよ(う)なら。
안녕히 가세요./안녕히 계세요.

さよ(う)なら。
안녕히 가세요./
안녕히 계세요.

TIP 「さよ(う)なら」는 학교나 학원에서 헤어질 때, 또는 오랫동안 만나지 못할 때에 사용한다. 「じゃあ、また」는 일반적으로 헤어질 때 사용한다. 「じゃあね」, 「またね」는 친구 사이에 사용한다.

감사

どうも、ありがとうございます。
대단히 감사합니다.

いいえ、
どういたしまして。
아니오, 천만에요.

사과

すみません。
죄송합니다.

いいえ、だいじょうぶです。
아니오, 괜찮습니다.

TIP 「すみません」과 「ごめんなさい」는 모두 "미안합니다"라는 의미로 사용되지만, 「すみません」쪽이 조금 더 정중한 느낌이다. 또한 친구들에게 "미안해"라고 할 때는 「ごめん」이라고 사용한다.

인사말

소개

はじめまして。
どうぞよろしくお願いします。
처음 뵙겠습니다. 아무쪼록 잘 부탁합니다.

こちらこそ、
どうぞよろしく
お願いします。
저야말로 잘 부탁합니다.

안부

お元気ですか。
잘 지내세요?

はい、おかげさまで。
예, 덕분에요.

외출

いってきます。
다녀오겠습니다.

いってらっしゃい。
잘 다녀오세요.

귀가

ただいま。
다녀왔습니다.

お帰りなさい。
어서 돌아오세요.

권유

どうぞ。
어서 들어가세요.

ありがとうございます。
감사합니다.

식사

いただきます。
잘 먹겠습니다.

ごちそうさまでした。
잘 먹었습니다.

> **TIP** 「どうぞ」는 「어서 ~하세요」라는 의미로 상대방에게 어떤 일을 권할 때 사용하는 말이다. 동사를 몰라도 손동작을 이용해서 다양한 표현을 할 수 있는 아주 유용한 표현이므로 꼭 알아두자.

私は大学生です。

저는 대학생입니다.

ポイント

1. 명사 익히기
2. 私は会社員です。
3. 木村さんは銀行員ですか。
4. いいえ、銀行員じゃ(では)ありません。

~さん ~씨　　こんにちは 안녕하세요　　~の ~의
お仕事 직업　　~は ~은/는　　何ですか 무엇입니까?
会社員 회사원　　~も ~도　　大学生 대학생

山田: キムさん、こんにちは。

キム: こんにちは。

山田: キムさんのお仕事は何ですか。

キム: 会社員です。
山田さんも会社員ですか。

山田: いいえ、会社員じゃありません。大学生です。

覚えよう

01 인칭대명사

1인칭	私(わたし)	저, 나
2인칭	あなた	당신, 너
3인칭	彼(かれ) / 彼女(かのじょ)	그 / 그녀
부정칭	誰(だれ) / どなた	누구 / 어느 분

TIP 상대방의 이름을 모를 때는 [あなた]를 사용하는 경우도 있지만, 손윗사람에게 사용하면 실례가 되므로 주의한다.

02 ~さん   -씨

鈴木(すずき)さんは先生(せんせい)です。　　　　스즈끼 씨는 선생님입니다.

木村(きむら)さんは日本人(にほんじん)です。　　　　기무라 씨는 일본인입니다.

03 ~は~です   -은/는 -입니다

私(わたし)は会社員(かいしゃいん)です。　　　　나는 회사원입니다.

彼女(かのじょ)は韓国人(かんこくじん)です。　　　　그녀는 한국인입니다.

鈴木(すずき) 일본사람의 성	先生(せんせい) 선생님	木村(きむら) 일본사람의 성	日本人(にほんじん) 일본인
会社員(かいしゃいん) 회사원	韓国人(かんこくじん) 한국인	中村(なかむら) 일본사람의 성	銀行員(ぎんこういん) 은행원
山田(やまだ) 일본사람의 성	田中(たなか) 일본사람의 성	学生(がくせい) 학생	中国人(ちゅうごくじん) 중국인

01 외워보자

04 ～は～ですか　　　　　　　　　　　　　　　　　　　　　　　　　　　　－은/는 －입니까?

中村さんは銀行員ですか。　　　　　　　　　　　　　　　　　나까무라 씨는 은행원입니까?

あなたは山田さんですか。　　　　　　　　　　　　　　　　　당신은 야마다 씨입니까?

TIP 일본어에서는 문장의 끝에 [か]가 오는 의문문에 물음표(?)를 넣지 않는다.

05 はい、～です　　　　　　　　　　　　　　　　　　　　　　　　　　　　　예, －입니다

はい、銀行員です。　　　　　　　　　　　　　　　　　　　　예, 은행원입니다.

はい、山田です。　　　　　　　　　　　　　　　　　　　　　예, 야마다입니다.

06 いいえ、～じゃ(では)ありません　　　　　　　　　　　　　　　　　아니오, －이/가 아닙니다

いいえ、銀行員じゃ(では)ありません。　　　　　　　　　　　아니오, 은행원이 아닙니다.

いいえ、山田じゃ(では)ありません。　　　　　　　　　　　　아니오, 야마다가 아닙니다.
鈴木です。　　　　　　　　　　　　　　　　　　　　　　　　스즈끼입니다.

TIP [では]와 [じゃ]는 같은 의미이지만, [では] 쪽이 조금 더 정중한 느낌으로 사용된다. 회화에서는 [じゃ] 쪽을 많이 사용한다.

07 ～も～です　　　　　　　　　　　　　　　　　　　　　　　　　　　　　－도 －입니다

田中さんも学生です。　　　　　　　　　　　　　　　　　　　다나까 씨도 학생입니다.

彼も中国人です。　　　　　　　　　　　　　　　　　　　　　그도 중국인입니다.

01　私は大学生です

話してみよう

01 다음 예와 같이 밑줄 친 부분을 바꾸어서 말해 보세요.

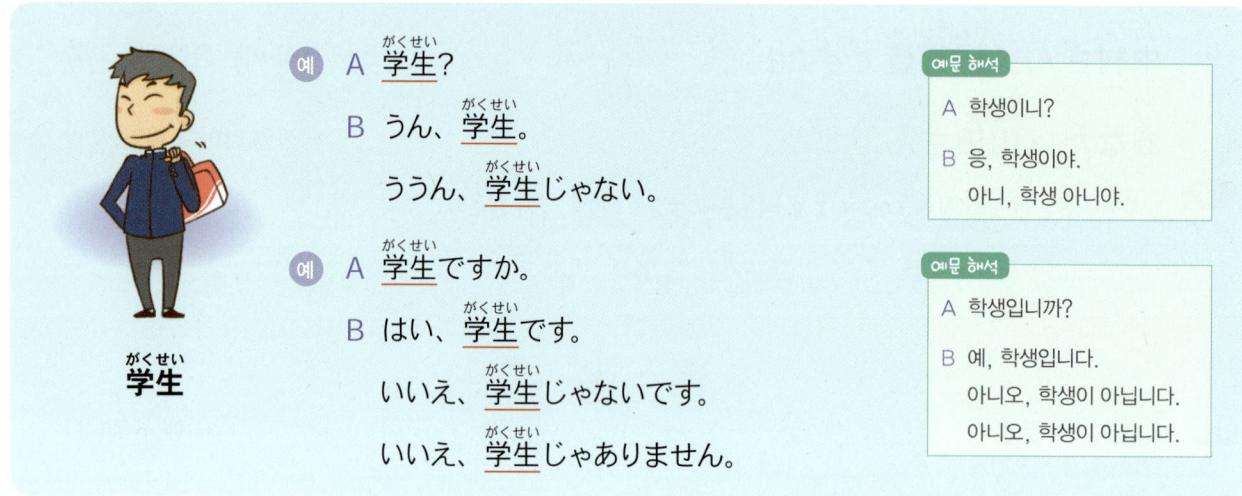

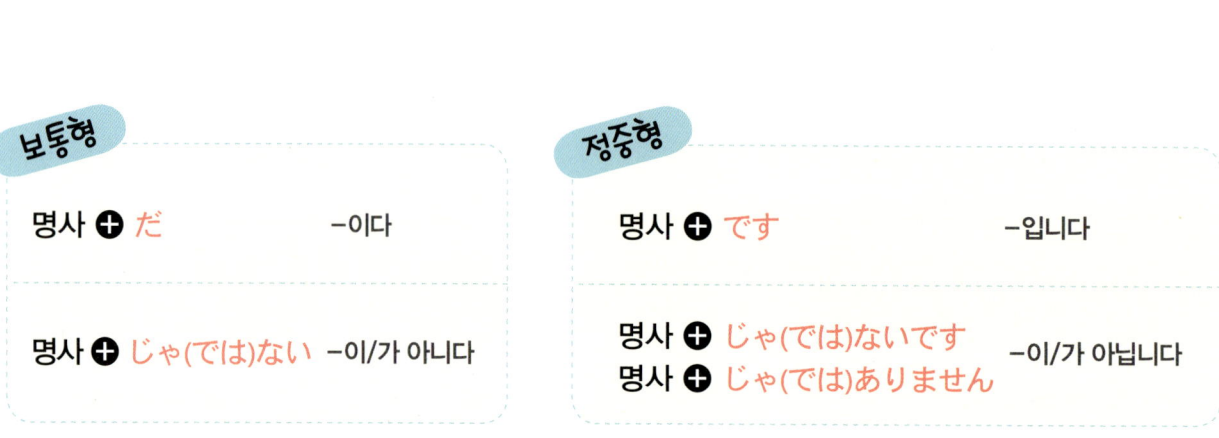

02 다음 예와 같이 말해 보세요.

예 **あなた / 会社員 / 銀行員**

A あなたは会社員ですか。
B はい、会社員です。
いいえ、会社員じゃありません。銀行員です。

❶ 田中さん / 大学生 / 高校生

❷ 鈴木さん / 医者 / 会社員

❸ あなた / 中国人 / 日本人

❹ あなた / フランス人 / ドイツ人

学生 학생	会社員 회사원	歌手 가수	韓国人 한국인	中国人 중국인
あなた 당신/너	銀行員 은행원	大学生 대학생	高校生 고등학생	医者 의사
日本人 일본인	フランス人 프랑스인	ドイツ人 독일인		

聞いてみよう　　　들어보자

Track 11

01 다음을 듣고 맞는 그림을 찾아 번호를 넣어 보세요.

| 예 佐藤さん | ❶ 木村さん | ❷ 田中さん | ❸ キムさん | ❹ 中村さん |

b

ⓐ
ⓑ
ⓒ
ⓓ
ⓔ
ⓕ

02 다음을 듣고 히라가나로 문장을 완성해 보세요.

❶ 彼は _____ です。

❷ あなたは _____ ですか。

❸ _____ は韓国人 _____ 。

お仕事は何ですか。

かいしゃいん
会社員
회사원

ぎんこういん
銀行員
은행원

いしゃ
医者
의사

かんごし
看護師
간호사

こうむいん
公務員
공무원

きょうじゅ
教授
교수

だいがくせい
大学生
대학생

こうこうせい
高校生
고등학생

しゅふ
主婦
주부

デザイナー
디자이너

エンジニア
엔지니어

フリーター
아르바이트로 생활을 하는 사람

お国はどこですか。

かんこく じん
韓国(人)
한국(인)

ちゅうごく じん
中国(人)
중국(인)

にほん じん
日本(人)
일본(인)

じん
タイ(人)
태국(인)

じん
アメリカ(人)
미국(인)

じん
イギリス(人)
영국(인)

じん
ドイツ(人)
독일(인)

じん
ロシア(人)
러시아(인)

 각 나라이름에 [人]을 붙이면 그 나라 사람을 나타내고, [語]를 붙이면 그 나라의 언어를 나타낼 수 있다. 단, [アメリカ]와 [イギリス]에는 [英語]를 사용한다.

これは日本のパソコンです。

이것은 일본 컴퓨터입니다.

ポイント

1. 지시어 익히기
2. これは何ですか。
3. 日本のパソコンです。
4. 私のです。

それ 그것 　　　　～は ~은/는
何ですか 무엇입니까?　これ 이것　　パソコン 컴퓨터
～の ~의/의 것　　私 저/나　　韓国 한국　　日本 일본

山田: キムさん、それは何ですか。

キム: これはパソコンです。

山田: キムさんのパソコンですか。

キム: はい、私のです。

山田: 韓国のパソコンですか。

キム: いいえ、韓国のパソコンじゃありません。
日本のパソコンです。

覚えよう

01 지시어

これ	それ	あれ	どれ
이것	그것	저것	어느 것

02 ~は何ですか   -은/는 무엇입니까?

これは何ですか。   이것은 무엇입니까?
　　それは新聞です。   그것은 신문입니다.

それは何ですか。   그것은 무엇입니까?
　　これはえんぴつです。   이것은 연필입니다.

あれは何ですか。   저것은 무엇입니까?
　　あれは時計です。   저것은 시계입니다.

03 ~は~です   -은/는 -입니다

これは傘です。   이것은 우산입니다.

あれはいすです。   저것은 의자입니다.

新聞 신문	えんぴつ 연필	時計 시계	傘 우산	いす 의자
財布 지갑	電話 전화	日本 일본	英語 영어	本 책
つくえ 책상	ケータイ 휴대폰	先生 선생님	ソウル 서울	大学 대학

04 ～は～ですか　　　　　　　　　　　　　　　　　　　　　　-은/는 -입니까?

これは財布ですか。　　　　　　　　　　　　　　　　　이것은 지갑입니까?

それは電話ですか。　　　　　　　　　　　　　　　　　그것은 전화입니까?

05 はい、～です　　　　　　　　　　　　　　　　　　　　예, -입니다

はい、(それは)財布です。　　　　　　　　　　　　　　예, (그것은) 지갑입니다.

はい、(これは)電話です。　　　　　　　　　　　　　　예, (이것은) 전화입니다.

06 いいえ、～じゃ(では)ありません　　　　　　　　　　　아니오, -이/가 아닙니다

いいえ、(それは)財布じゃ(では)ありません。　　　　　아니오, (그것은) 지갑이 아닙니다.

いいえ、(これは)電話じゃ(では)ありません。　　　　　아니오, (이것은) 전화가 아닙니다.
時計です。　　　　　　　　　　　　　　　　　　　　　시계입니다.

> **TIP** [では]와 [じゃ]는 같은 의미이지만, [では] 쪽이 조금 더 정중한 느낌으로 사용된다. 회화에서는 [じゃ] 쪽을 많이 사용한다.

07 ～の　　　　　　　　　　　　　　　　　❶ 명사수식 ❷ ～의 ❸ ～의 것

❶ これは日本の新聞です。　　　　　　　　　　　　　　이것은 일본 신문입니다.
　それは英語の本です。　　　　　　　　　　　　　　　그것은 영어 책입니다.

❷ それは私のつくえです。　　　　　　　　　　　　　　그것은 나의 책상입니다.
　あれは田中さんのケータイです。　　　　　　　　　　저것은 다나까 씨의 휴대폰입니다.

❸ あれは鈴木さんのです。　　　　　　　　　　　　　　저것은 스즈끼 씨의 것입니다.
　これは先生のです。　　　　　　　　　　　　　　　　이것은 선생님의 것입니다.

> **TIP** 일본어에서는 명사와 명사 사이에는 [の]를 넣는데, 고유 명사의 경우는 넣지 않는다.
> 예) ソウルの大学 (서울에 있는 대학) / ソウル大学 (서울 대학)

話してみよう

01 다음 예와 같이 말해 보세요.

예 これ / 財布 / かばん

A これは財布ですか。
B はい、(それは) 財布です。
　　いいえ、(それは) 財布じゃありません。 かばんです。

❶ これ / 電話 / 時計

❷ それ / 本 / 辞書

❸ それ / ケータイ / カメラ

❹ あれ / 新聞 / 雑誌

これ 이것	財布 지갑	かばん 가방	電話 전화	時計 시계
それ 그것	本 책	辞書 사전	ケータイ 휴대폰	カメラ 카메라
あれ 저것	新聞 신문	雑誌 잡지		

02 다음 예 와 같이 말해 보세요.

예 これ / 傘 / 先生

A これは何ですか。　　B それは傘です。
A あなたの傘ですか。　B いいえ、私の傘じゃありません。
　　　　　　　　　　　　先生のです。

❶ これ / くつ / キムさん

❷ それ / パソコン / イさん

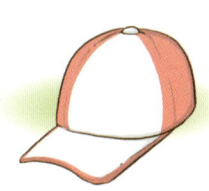
❸ それ / ぼうし / 佐藤さん

❹ あれ / めがね / 鈴木さん

傘 우산　　先生 선생님　　何ですか 무엇입니까?　　くつ 구두/신발　　パソコン 컴퓨터
イ 한국사람의 성　　ぼうし 모자　　佐藤 일본사람의 성　　めがね 안경　　鈴木 일본사람의 성

聞いてみよう 들어보자

🎵 Track 14

01 다음을 듣고 맞는 그림을 찾아 번호를 넣어 보세요.

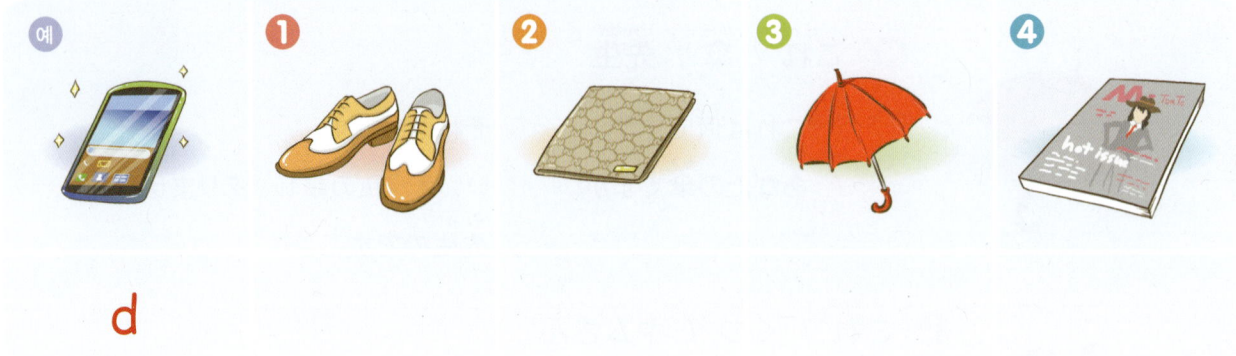

예 d

- ⓐ 田中(たなか)さん
- ⓑ 中村(なかむら)さん
- ⓒ 先生(せんせい)
- ⓓ 私(わたし)
- ⓔ 鈴木(すずき)さん
- ⓕ 木村(きむら)さん

02 다음을 듣고 히라가나로 문장을 완성해 보세요.

❶ これは _____ です。

❷ それは 日本(にほん)_____ ですか。

❸ あれは _____ じゃありません。

일본어 글씨본

✏️ 히라가나 청음

あ [a]					

い [i]					

う [u]					

え [e]					

お [o]					

か [ka]

き [ki]

く [ku]

け [ke]

こ [ko]

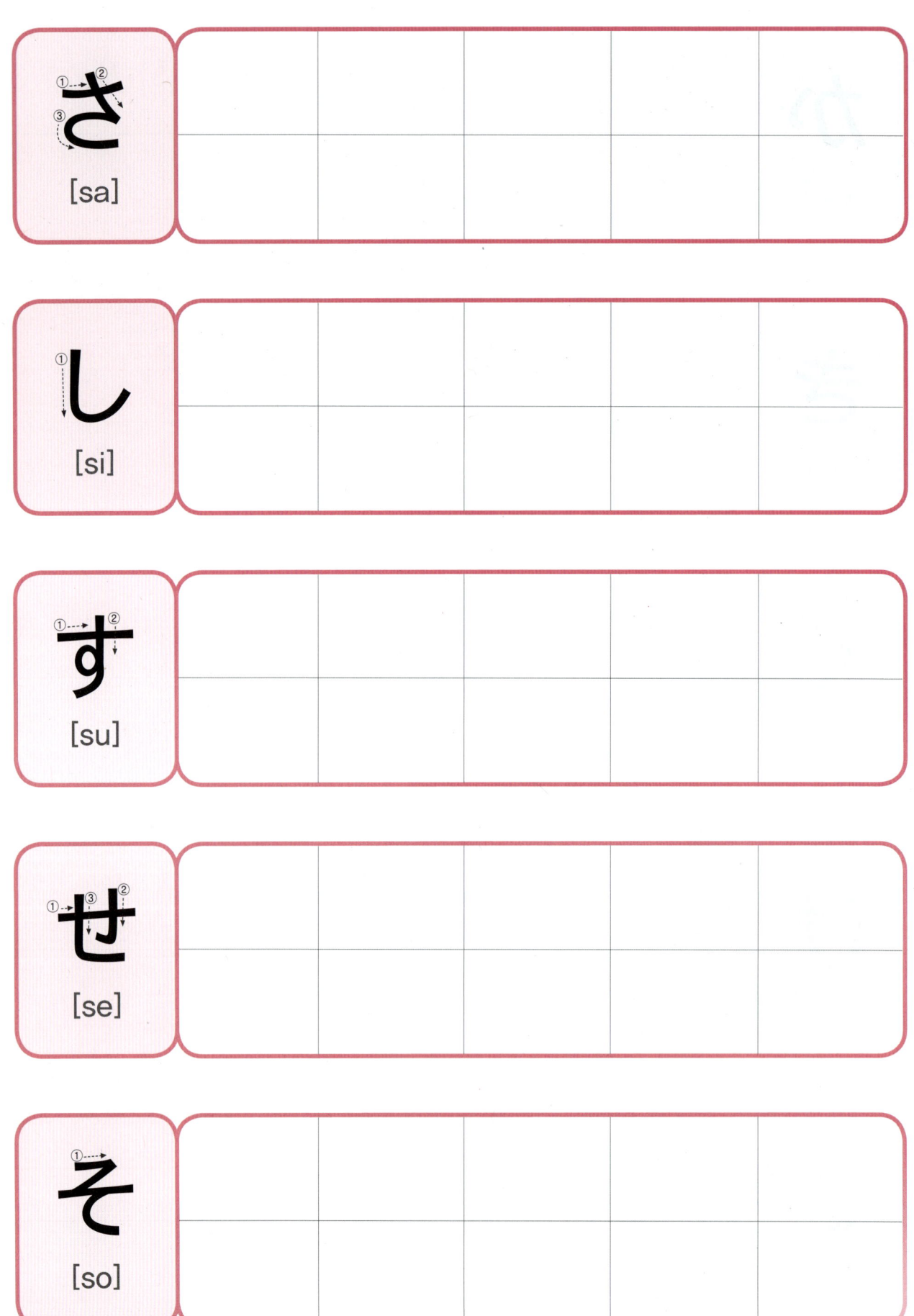

た
[ta]

ち
[chi]

つ
[tsu]

て
[te]

と
[to]

な [na]					

に [ni]					

ぬ [nu]					

ね [ne]					

の [no]					

は [ha]

ひ [hi]

ふ [hu]

へ [he]

ほ [ho]

| ま [ma] | | | | | |

| み [mi] | | | | | |

| む [mu] | | | | | |

| め [me] | | | | | |

| も [mo] | | | | | |

や [ya]

い [i]

ゆ [yu]

え [e]

よ [yo]

ら [ra]

り [ri]

る [ru]

れ [re]

ろ [ro]

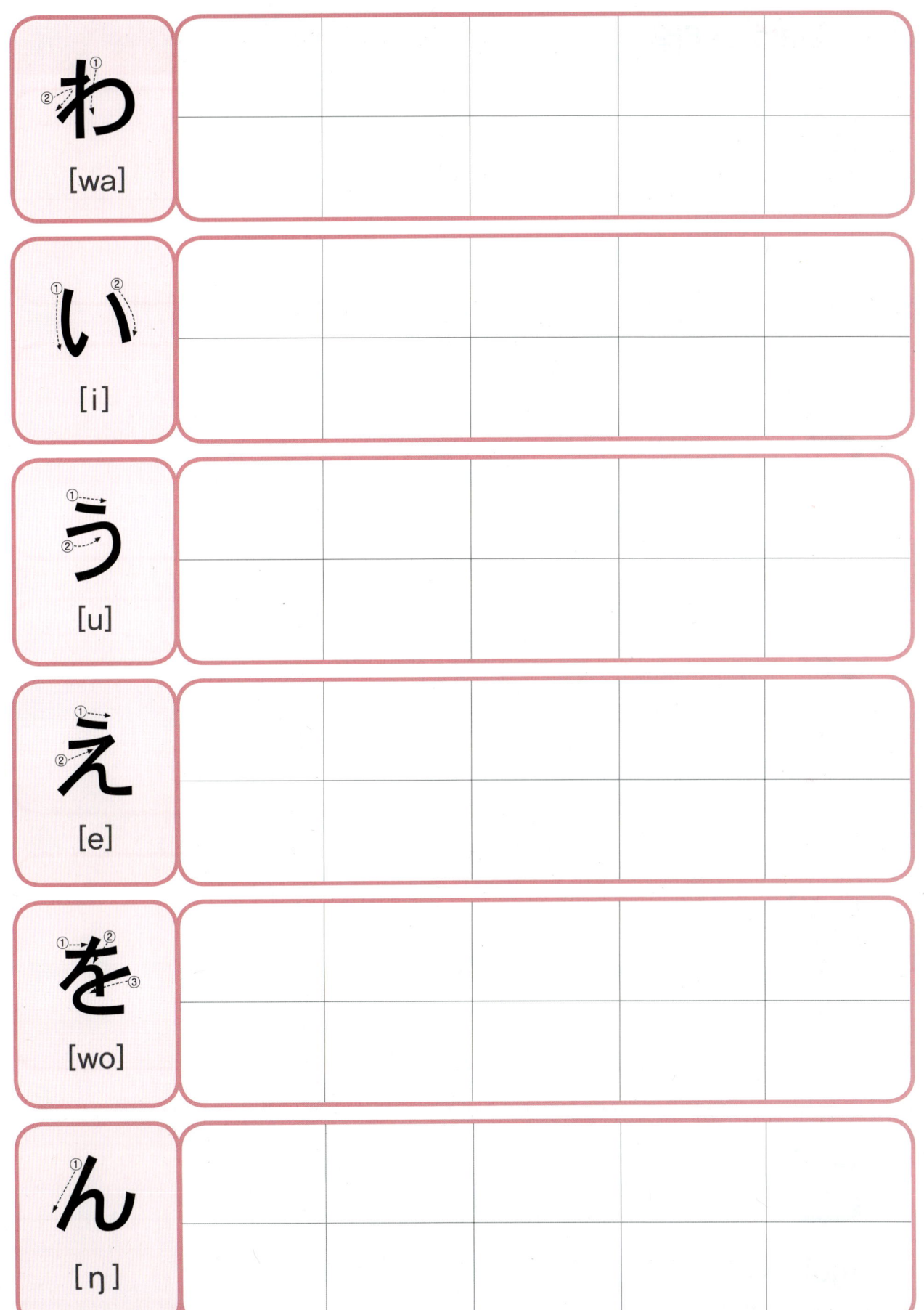

히라가나 탁음

が [ga]

ぎ [gi]

ぐ [gu]

げ [ge]

ご [go]

ざ [za]					

じ [zi]					

ず [zu]					

ぜ [ze]					

ぞ [zo]					

だ
[da]

ぢ
[zi]

づ
[zu]

で
[de]

ど
[do]

ば [ba]					

び [bi]					

ぶ [bu]					

べ [be]					

ぼ [bo]					

히라가나 요음

ちゃ [cha]					
ちゅ [chu]					
ちょ [cho]					
にゃ [nya]					
にゅ [nyu]					
にょ [nyo]					

ひゃ [hya]					
ひゅ [hyu]					
ひょ [hyo]					
みゃ [mya]					
みゅ [myu]					
みょ [myo]					

りゃ [rya]					

りゅ [ryu]					

りょ [ryo]					

ぎゃ [gya]					

ぎゅ [gyu]					

ぎょ [gyo]					

じゃ [ja]					
じゅ [ju]					
じょ [jo]					
びゃ [bya]					
びゅ [byu]					
びょ [byo]					

ぴゃ
[pya]

ぴゅ
[pyu]

ぴょ
[pyo]

카타카나의 청음

ア [a]					
イ [i]					
ウ [u]					
エ [e]					
オ [o]					

カ [ka]

キ [ki]

ク [ku]

ケ [ke]

コ [ko]

| サ [sa] | | | | | |

| シ [si] | | | | | |

| ス [su] | | | | | |

| セ [se] | | | | | |

| ソ [so] | | | | | |

タ [ta]

チ [chi]

ツ [tsu]

テ [te]

ト [to]

| ナ [na] | | | | | |

| ニ [ni] | | | | | |

| ヌ [nu] | | | | | |

| ネ [ne] | | | | | |

| ノ [no] | | | | | |

ハ [ha]					

ヒ [hi]					

フ [hu]					

ヘ [he]					

ホ [ho]					

マ [ma]

ミ [mi]

ム [mu]

メ [me]

モ [mo]

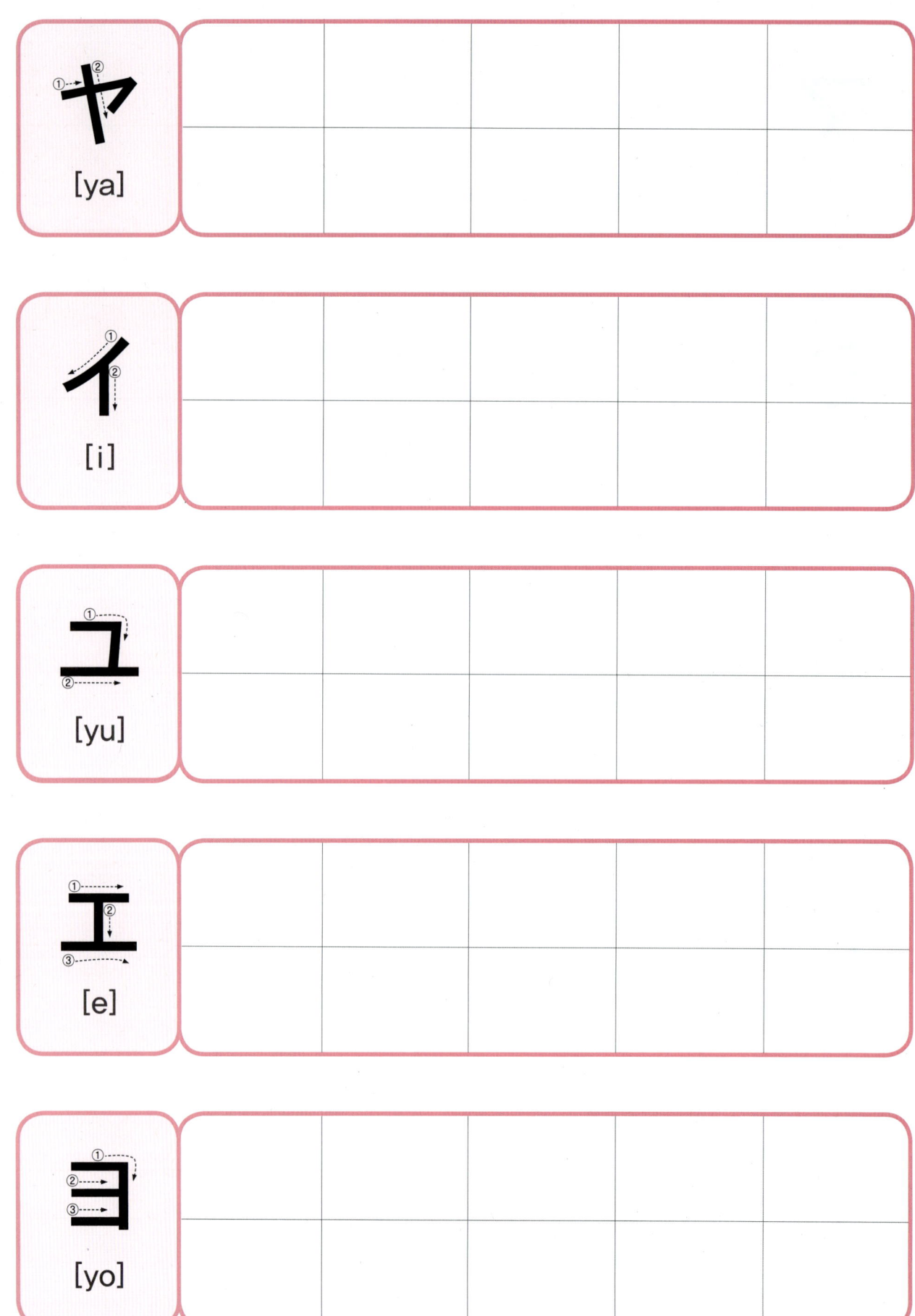

ラ [ra]

リ [ri]

ル [ru]

レ [re]

ロ [ro]

ワ [wa]					
イ [i]					
ウ [u]					
エ [e]					
ヲ [wo]					
ン [ŋ]					

카타카나의 탁음

ガ [ga]					
ギ [gi]					
グ [gu]					
ゲ [ge]					
ゴ [go]					

ザ [za]					
ジ [zi]					
ズ [zu]					
ゼ [ze]					
ゾ [zo]					

ダ [da]

ヂ [zi]

ヅ [zu]

デ [de]

ド [do]

バ [ba]					

ビ [bi]					

ブ [bu]					

ベ [be]					

ボ [bo]					

카타카나의 반탁음

パ [pa]					
ピ [pi]					
プ [pu]					
ペ [pe]					
ポ [po]					

카타카나의 요음

キャ [kya]					

キュ [kyu]					

キョ [kyo]					

シャ [sya]					

シュ [syu]					

ショ [syo]					

チャ [cha]					
チュ [chu]					
チョ [cho]					
ニャ [nya]					
ニュ [nyu]					
ニョ [nyo]					

ヒャ [hya]					
ヒュ [hyu]					
ヒョ [hyo]					
ミャ [mya]					
ミュ [myu]					
ミョ [myo]					

リャ [rya]					

リュ [ryu]					

リョ [ryo]					

ギャ [gya]					

ギュ [gyu]					

ギョ [gyo]					

ジャ [ja]					
ジュ [ju]					
ジョ [jo]					
ビャ [bya]					
ビュ [byu]					
ビョ [byo]					

ピャ
[pya]

ピュ
[pyu]

ピョ
[pyo]

01 私(わたし)は大学生(だいがくせい)です。

글자연습

01 다음 한자를 히라가나로 써 보세요.

① 歌　手　　　② 高　校　生　　　③ 中　国　人

④ 医　者　　　⑤ 銀　行　員　　　⑥ 彼　女

02 다음 히라가나를 한자로 써 보세요.

① かい しゃ いん　　② わたし　　　③ に ほん じん

④ 　し ごと
　お　　　　　　　⑤ かん こく じん　　⑥ だい がく せい

03 다음 카타카나를 히라가나로 써 보세요.

① アメリカ　　　② イギリス　　　③ デザイナー

04 다음 히라가나를 카타카나로 써 보세요.

① ろしあ　　　② ふらんす　　　③ どいつ

문장연습

01 다음 문장을 한국어로 해석해 보세요.

① お仕事は何ですか。

② 木村さんは医者ですか。

③ 鈴木さんは高校生です。

02 다음 문장을 일본어로 만들어 보세요.

① 나는 회사원입니다.

② 당신도 한국인입니까?

③ 아니오, 은행원이 아닙니다.

듣기 연습 Track 01

01 다음 단어를 듣고 받아 써 보세요.

① ② ③
④ ⑤ ⑥

02 다음을 문장을 듣고 받아 써 보세요.

①
②
③

02 これは日本(にほん)のパソコンです。

글자연습

01 다음 한자를 히라가나로 써 보세요.

① 時 計　　② 財 布　　③ 傘

④ 英 語　　⑤ 辞 書　　⑥ 雑 誌

02 다음 히라가나를 한자로 써 보세요.

① だい がく　　② ほん　　③ しん ぶん

④ かん こく　　⑤ せん せい　　⑥ でん わ

03 다음 카타카나를 히라가나로 써 보세요.

① カメラ　　② パソコン　　③ テレビ

04 다음 히라가나를 카타카나로 써 보세요.

① そうる　　② のーと　　③ けーたい

문장연습

01 다음 문장을 한국어로 해석해 보세요.

① これはえんぴつです. _____

② それは私のつくえです. _____

③ 私の傘じゃありません. _____

02 다음 문장을 일본어로 만들어 보세요.

① 저것은 시계입니다. _____

② 이것은 전화가 아닙니다. _____

③ 그것은 선생님의 것입니다. _____

듣기연습 Track 02

01 다음 단어를 듣고 받아 써 보세요.

① _____ ② _____ ③ _____

④ _____ ⑤ _____ ⑥ _____

02 다음을 문장을 듣고 받아 써 보세요.

① _____

② _____

③ _____

02 これは日本のパソコンです

03 図書館は何時から何時までですか。

글자연습

01 다음 한자를 히라가나로 써 보세요.

① 図書館　　② 午後　　③ 昼休み

④ 授業　　⑤ 4時　　⑥ 40分

02 다음 히라가나를 한자로 써 보세요.

① はん　　② ごぜん　　③ なんぷん

④ とうきょう　　⑤ いま　　⑥ かいしゃ

03 다음 카타카나를 히라가나로 써 보세요.

① ポイント　　② ソウル　　③ アルバイト

04 다음 히라가나를 카타카나로 써 보세요.

① ぜろ　　② てすと　　③ でぱーと

문장연습

01 다음 문장을 한국어로 해석해 보세요.

① 図書館は何時から何時までですか。 _____

② ここから図書館まで何分ですか。 _____

③ しちじじゅうごふんです。 _____

02 다음 문장을 일본어로 만들어 보세요.

① 지금 몇 시입니까? _____

② 동경에서 서울까지입니다. _____

③ 9시부터 6시까지입니다. _____

듣기 연습 Track 03

01 다음 단어를 듣고 받아 써 보세요.

① _____ ② _____ ③ _____

④ _____ ⑤ _____ ⑥ _____

02 다음을 문장을 듣고 받아 써 보세요.

① _____

② _____

③ _____

04 <ruby>学<rt>がっ</rt></ruby><ruby>校<rt>こう</rt></ruby>はうちから<ruby>遠<rt>とお</rt></ruby>いですか。

✏️ 글자연습

01 다음 한자를 히라가나로 써 보세요.

① 学 校　　② 漢 字　　③ 勉 強

④ 易 しい　　⑤ 暑 い　　⑥ 新 しい

⑦ 遠 い　　⑧ 難 しい　　⑨ 寒 い

02 다음 히라가나를 한자로 써 보세요.

① いそが しい　　② きょう　　③ てん き

④ たか い　　⑤ おお きい　　⑥ すく ない

⑦ おお い　　⑧ やす い　　⑨ ちか い

문장연습

01 다음 문장을 한국어로 해석해 보세요.

① 韓国人の友だちは多くありません。 _____

② 今日は暑いですか。 _____

③ 田中さんは仕事が多いです。 _____

④ 日本語は難しいですが、おもしろいです。 _____

02 다음 문장을 일본어로 만들어 보세요.

① 회사는 바쁩니다. _____

② 오늘은 날씨가 좋지 않습니다. _____

③ 초밥은 맛있지만, 비쌉니다. _____

④ 학교는 집에서 멉니까? _____

듣기 연습 Track 04

01 다음 단어를 듣고 받아 써 보세요.

① _____   ② _____   ③ _____

④ _____   ⑤ _____   ⑥ _____

02 다음을 문장을 듣고 받아 써 보세요.

① _____

② _____

③ _____

04 学校はうちから遠いですか

05 この白い(しろ)ケータイは軽くて(かる)いいですね。

글자연습

01 다음 한자를 히라가나로 써 보세요.

① 料 理   ② 映 画   ③ 狭 い

④ 軽 い   ⑤ 短 い   ⑥ 怖 い

⑦ 速 い   ⑧ 辛 い   ⑨ 黒 い

02 다음 히라가나를 한자로 써 보세요.

① みせ   ② へ や   ③ ひろ い

④ あか るい   ⑤ なが い   ⑥ あか い

03 다음 히라가나를 카타카나로 써 보세요.

① てれび   ② けーき   ③ じゅーす

문장연습

01 다음 문장을 한국어로 해석해 보세요.

① この白いケータイは鈴木さんのですか。 ＿＿＿＿＿＿＿＿

② 私のかばんは新しいですが、重いです。 ＿＿＿＿＿＿＿＿

③ あの店は狭くてうるさいです。 ＿＿＿＿＿＿＿＿

④ 背が高い人です。 ＿＿＿＿＿＿＿＿

02 다음 문장을 일본어로 만들어 보세요.

① 매운 요리입니다. ＿＿＿＿＿＿＿＿

② 넓고 밝은 방입니다. ＿＿＿＿＿＿＿＿

③ 저 가게는 어떻습니까? ＿＿＿＿＿＿＿＿

④ 어떤 영화입니까? ＿＿＿＿＿＿＿＿

듣기 연습 Track 05

01 다음 단어를 듣고 받아 써 보세요.

① ＿＿＿ ② ＿＿＿ ③ ＿＿＿

④ ＿＿＿ ⑤ ＿＿＿ ⑥ ＿＿＿

02 다음을 문장을 듣고 받아 써 보세요.

① ＿＿＿＿＿＿＿＿

② ＿＿＿＿＿＿＿＿

③ ＿＿＿＿＿＿＿＿

06 カラオケが好きですか。

글자연습

01 다음 한자를 히라가나로 써 보세요.

① 嫌 いだ　　② 下 手 だ　　③ 静 かだ

④ 不 便 だ　　⑤ 真 面 目 だ　　⑥ 簡 単 だ

⑦ 暇 だ　　⑧ 立 派 だ　　⑨ 大 変 だ

02 다음 히라가나를 한자로 써 보세요.

① うた　　　　　　② す　　　　　　　③ じょうず
　　　　　　　　　　　きだ　　　　　　　　　だ

④ べんり　　　　　⑤ げんき　　　　　⑥ ゆうめい
　　だ　　　　　　　　だ　　　　　　　　　だ

03 다음 히라가나를 카타카나로 써 보세요.

① からおけ　　　　② ぴあの　　　　③ すぽーつ

문장연습

01 다음 문장을 한국어로 해석해 보세요.

① 東京は賑やかですか。 _____

② 私は怖い映画が嫌いです。 _____

③ 今日はあまり暇じゃありません。 _____

④ この車はとても丈夫です。 _____

02 다음 문장을 일본어로 만들어 보세요.

① 나는 영어를 잘 못합니다. _____

② 그 가게는 깨끗합니까? _____

③ 저 회사는 매우 유명합니다. _____

④ 노래는 별로 잘하지 않습니다. _____

듣기 연습 Track 06

01 다음 단어를 듣고 받아 써 보세요.

① _____ ② _____ ③ _____
④ _____ ⑤ _____ ⑥ _____

02 다음을 문장을 듣고 받아 써 보세요.

① _____

② _____

③ _____

07 きれいなレストランですね。

글자연습

01 다음 한자를 히라가나로 써 보세요.

① 新　鮮　だ　　② 公　園　　③ 部　屋

④ 賑　やかだ　　⑤ 有　名　だ　　⑥ 人

⑦ 上　手　だ　　⑧ 丈　夫　だ　　⑨ 親　切　だ

02 다음 히라가나를 한자로 써 보세요.

① た　もの　　　② くるま　　　③ たい へん
　　　べ　　　　　　　　　　　　　　　　だ

④ べん り　　　　⑤ ち か てつ　　⑥ へ た
　　　　だ　　　　　　　　　　　　　　　だ

⑦ ひま　　　　　⑧ しん せつ　　　⑨ はや
　　　だ　　　　　　　　　　だ　　　　　い

📃 문장연습

01 다음 문장을 한국어로 해석해 보세요.

① 有名なデパートだから、人が多いです。
_____

② このさしみは新鮮で、おいしいです。
_____

③ 彼女は静かな人です。 _____

④ どうしてですか。 _____

02 다음 문장을 일본어로 만들어 보세요.

① 일본어는 재미있고 간단하기 때문에 좋아합니다.
_____

② 좋아하는 음식은 무엇입니까? _____
③ 야마다씨는 성실하고 친절합니다. _____
④ 그는 스포츠를 좋아하는 사람입니다. _____

🎧 듣기연습 Track 07

01 다음 단어를 듣고 받아 써 보세요.

① _____ ② _____ ③ _____
④ _____ ⑤ _____ ⑥ _____

02 다음을 문장을 듣고 받아 써 보세요.

① _____

② _____

③ _____

08 東京とソウルとどちらが寒いですか。

글자연습

01 다음 한자를 히라가나로 써 보세요.

① 季節　　② 野球　　③ 水泳

④ 山登り　　⑤ 夏　　⑥ 秋

02 다음 히라가나를 한자로 써 보세요.

① くだもの　　② いちばん　　③ いぬ

④ はる　　⑤ ふゆ　　⑥ さけ　お

03 다음 카타카나를 히라가나로 써 보세요.

① バス　　② タクシー　　③ ビール

04 다음 히라가나를 카타카나로 써 보세요.

① ごるふ　　② さっかー　　③ かたかな

문장연습

01 다음 문장을 한국어로 해석해 보세요.

① 乗り物の中で何が一番速いですか。 _____

② 水泳が好きだから、夏が一番好きです。 _____

③ 犬と猫とどちらがかわいいですか。 _____

④ ビールより焼酎の方がおいしいです。 _____

02 다음 문장을 일본어로 만들어 보세요.

① 친구들 중에서 누가 가장 성실합니까? _____

② 여름과 겨울과 어느 쪽을 좋아합니까? _____

③ 한자보다 카타카나쪽이 간단합니다. _____

④ 귤이 가장 맛있습니다. _____

듣기연습 Track 08

01 다음 단어를 듣고 받아 써 보세요.

① _____ ② _____ ③ _____

④ _____ ⑤ _____ ⑥ _____

02 다음을 문장을 듣고 받아 써 보세요.

① _____

② _____

③ _____

09 このかばんは いくらですか。

글자연습

01 다음 한자를 히라가나로 써 보세요.

① 店 員　　② 客　　③ お 願 いします

④ 枚　　⑤ 冊　　⑥ 階

02 다음 히라가나를 한자로 써 보세요.

① あか　　　　② すこ　　　　③ ぜん ぶ
　　い　　　　　　し

03 다음 카타카나를 히라가나로 써 보세요.

① コーラ　　② アイスティー　　③ ボールペン

04 다음 히라가나를 카타카나로 써 보세요.

① ほっとこーひー　　　　② はんばーがー

③ らーめん　　　　　　　④ さらだ

⑤ どーなつ　　　　　　　⑥ けーき

문장연습

01 다음 문장을 한국어로 해석해 보세요.

① あれはこのカメラより安くて、いいですよ。
___

② りんごよっつとすいかふたつください。
___

③ このめがねはろくせんはっぴゃくえんです。
___

02 다음 문장을 일본어로 만들어 보세요. (숫자는 히라가나로 쓰세요.)

① 그 빨간 가방은 얼마입니까? _____

② 우동과 삼각 김밥 2개씩 주세요. _____

③ 전부해서 3600엔입니다. _____

듣기 연습 Track 09

01 다음 단어를 듣고 받아 써 보세요.

① _____ ② _____ ③ _____
④ _____ ⑤ _____ ⑥ _____

02 다음을 문장을 듣고 받아 써 보세요.

① ___
② ___
③ ___

10 この近(ちか)くに銀行(ぎんこう)がありますか。

글자연습

01 다음 한자를 히라가나로 써 보세요.

① 本棚　　② 隣　　③ 猫

④ 右　　⑤ 机　　⑥ 外

02 다음 히라가나를 한자로 써 보세요.

① ほんや　　② えき　　③ あいだ

④ ひだり　　⑤ はな　　⑥ まえ

⑦ うえ　　⑧ した　　⑨ うしろ

03 다음 히라가나를 카타카나로 써 보세요.

① といれ　　② こんびに　　③ べっど

문장 연습

01 다음 문장을 한국어로 해석해 보세요.

① 本棚は机とテレビの間にあります。 ___

② 今日はテストがありません。 ___

③ 私の後ろに木村さんがいます。 ___

02 다음 문장을 일본어로 만들어 보세요.

① 자동차는 가게 앞에 있습니다. ___

② 의자 위에 고양이가 있습니다. ___

③ 꽃집은 어디입니까? ___

듣기 연습 Track 10

01 다음 단어를 듣고 받아 써 보세요.

① ___ ② ___ ③ ___
④ ___ ⑤ ___ ⑥ ___

02 다음을 문장을 듣고 받아 써 보세요.

① ___

② ___

③ ___

11 旅行は8月4日まででした。

글자연습

01 다음 한자를 히라가나로 써 보세요.

① 旅　行　☐☐☐
② 正　月　☐☐☐☐
③ 土　曜　日　☐☐☐☐

④ 子どもの日　☐☐☐
⑤ 授　業　☐☐☐☐
⑥ 誕　生　日　☐☐☐☐☐

02 다음 히라가나를 한자로 써 보세요.

① せんしゅう　☐☐
② なつ やすみ　☐☐ み
③ なんがつなんにち　☐☐☐☐

④ きのう　☐☐
⑤ あめ　☐
⑥ たのしい　たの☐しい

03 다음 카타카나를 히라가나로 써 보세요.

① デパート ＿＿＿　② テスト ＿＿＿　③ ケータイ ＿＿＿

04 다음 히라가나를 카타카나로 써 보세요.

① せーる ＿＿＿　② ばれんたいんでー ＿＿＿　③ ほてる ＿＿＿

문장연습

01 다음 문장을 한국어로 해석해 보세요.

① いい天気でしたが、とても暑かったです。

② その映画は怖くありませんでした。

③ デパートのセールはいつからいつまででしたか。

02 다음 문장을 일본어로 만들어 보세요.

① 여행은 4월 27일부터 5월 2일까지였습니다. (숫자는 모두 히라가나로 쓰세요.)

② 어제는 날씨가 좋았습니다.

③ 저 가게는 깨끗하지 않았습니다.

듣기연습 Track 11

01 다음 단어를 듣고 받아 써 보세요.

①　　　　　　② 　　　　　　③
④　　　　　　⑤ 　　　　　　⑥

02 다음을 문장을 듣고 받아 써 보세요.

①
②
③

12 よくカラオケに行(い)きますか。

글자연습

01 다음 한자를 히라가나로 써 보세요.

① 泳ぐ 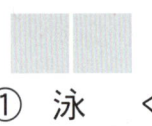　② 遊ぶ 　③ 撮る

④ 寝る 　⑤ 帰る 　⑥ 買う

02 다음 히라가나를 한자로 써 보세요.

① べんきょう 　② あう 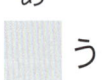　③ たべる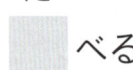

④ みる 　⑤ くる 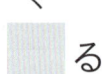　⑥ はなす

⑦ かく 　⑧ いく 　⑨ よむ

03 다음 히라가나를 카타카나로 써 보세요.

① ぷーる　　② れすとらん　　③ たくしー

문장 연습

01 다음 문장을 한국어로 해석해 보세요.

① 朝早く起きません。 _____

② よくお酒を飲みますか。 _____

③ 9時にお風呂に入ります。 _____

02 다음 문장을 일본어로 만들어 보세요.

① 방 안에서 음악을 듣습니다. _____

② 지하철을 탑니다. _____

③ 오늘은 애인을 만나지 않습니다. _____

듣기 연습 Track 12

01 다음 단어를 듣고 받아 써 보세요.

① _____ ② _____ ③ _____

④ _____ ⑤ _____ ⑥ _____

02 다음을 문장을 듣고 받아 써 보세요.

① _____

② _____

③ _____

13 一緒に買い物に行きませんか。

글자연습

01 다음 한자를 히라가나로 써 보세요.

① 一 緒 に   ② 少 し   ③ 昨 日

② 散 歩   ③ 明 日   ⑥ 食 事

02 다음 히라가나를 한자로 써 보세요.

① か もの
　　い

② つく
　　る

③ いそ
　　ぐ

④ の
　　む

⑤ の
　　る

⑥ ま
　　つ

⑦ き
　　く

⑧ やす
　　む

⑨ うみ

03 다음 히라가나를 카타카나로 써 보세요.

① あるばいと　　② ぷれぜんと　　③ げーむ

문장연습

01 다음 문장을 한국어로 해석해 보세요.

① 仕事が多かったですから、早く帰りませんでした。
　_____

② 明日、一緒に食事に行きませんか。　_____

③ 勉強はどこでしましょうか。　_____

02 다음 문장을 일본어로 만들어 보세요.

① 어제, 친구에게 전화를 걸었습니까? 　_____

② 내일, 선생님을 만나러 갑시다. 　_____

③ 조금 쉬지 않겠습니까? 　_____

듣기 연습　Track 13

01 다음 단어를 듣고 받아 써 보세요.

① _____　② _____　③ _____

④ _____　⑤ _____　⑥ _____

02 다음을 문장을 듣고 받아 써 보세요.

① _____

② _____

③ _____

14 私もおいしいものが食べたいです。

글자연습

01 다음 한자를 히라가나로 써 보세요.

① 最近　　②　写真　　③　誰

④ 来月　　⑤　冷たい　⑥　店

02 다음 히라가나를 한자로 써 보세요.

① ほんとう に　　② と る　　③ あるく

④ たんご　　⑤ おぼえる　　⑥ ならう

⑦ りゅうがく する　　⑧ かぞく　　⑨ おかね

03 다음 히라가나를 카타카나로 써 보세요.

① びーる　　② ぱそこん　　③ れぽーと

문장 연습

01 다음 문장을 한국어로 해석해 보세요.

① 日本語で話したいから、日本人の友だちがほしいです。
___

② どんな料理が習いたいですか。　___

③ 地下鉄を待ちながら、単語を覚えます。　___

02 다음 문장을 일본어로 만들어 보세요.

① 걸으면서 전화를 겁니다.　___

② 토요일에는 회사에 가고 싶지 않습니다.　___

③ 지금 차가 낡았기 때문에 새 차를 갖고 싶습니다.　___

듣기 연습 Track 14

01 다음 단어를 듣고 받아 써 보세요.

①　　　　　　　②　　　　　　　③

④　　　　　　　⑤　　　　　　　⑥

02 다음을 문장을 듣고 받아 써 보세요.

①　___

②　___

③　___

15 3つ目の駅で降りてください。

글자연습

01 다음 한자를 히라가나로 써 보세요.

① 今週　　② 降りる　　③ 貸す

④ 取る　　⑤ 踊る　　⑥ ～号線

⑦ 急ぐ　　⑧ 読む　　⑨ 話す

02 다음 히라가나를 한자로 써 보세요.

① かん じ　　② み　せる　　③ かえ　る

④ ひ　く　　⑤ まい にち　　⑥ たの しみ

03 다음 히라가나를 카타카나로 써 보세요.

① ぴあの　　② ぱーてぃー　　③ けーき

문장연습

01 다음 문장을 한국어로 해석해 보세요.

① 漢字で書いてください。 _____

② ２号線の地下鉄に乗ってください。 _____

③ 佐藤さんは歌を歌いながら、踊っています。 _____

_____

02 다음 문장을 일본어로 만들어 보세요.

① 야마다씨의 집은 어떻게 갑니까? _____

② 3번째 역에서 내려 주세요. _____

③ 다나카 씨는 친구와 놀고 있습니다. _____

듣기 연습 Track 15

01 다음 단어를 듣고 받아 써 보세요.

① _____   ② _____   ③ _____
④ _____   ⑤ _____   ⑥ _____

02 다음을 문장을 듣고 받아 써 보세요.

① _____

② _____

③ _____

16 写真を見てもいいですか。

글자연습

01 다음 한자를 히라가나로 써 보세요.

① 遅れる　　② 授業中　　③ 全然

④ 違う　　⑤ 通う　　⑥ 連れてくる

⑦ 荷物　　⑧ 着る　　⑨ 磨く

02 다음 히라가나를 한자로 써 보세요.

① わす　れる　　② つか　う　　③ ふと　る

④ わら　う　　⑤ か　りる　　⑥ お　く

⑦ すわ　る　　⑧ と　める　　⑨ あら　う

문장 연습

01 다음 문장을 한국어로 해석해 보세요.

① 友だちとけんかをしてしまいました。 _____

② 図書館では隣の人とおしゃべりをしてはいけません。
_____

③ 店の前に車を止めてもいいですか。 _____

02 다음 문장을 일본어로 만들어 보세요.

① 우산을 잃어버리고 말았습니다. _____

② 세수를 하고, 옷을 입습니다. _____

③ 열이 있으니까, 목욕을 해서는 안 됩니다. _____

듣기 연습 Track 16

01 다음 단어를 듣고 받아 써 보세요.

① _____ ② _____ ③ _____
④ _____ ⑤ _____ ⑥ _____

02 다음을 문장을 듣고 받아 써 보세요.

① _____

② _____

③ _____

17. 北海道（ほっかいどう）に行（い）ったことがありますか。

✎ 글자연습

01 다음 한자를 히라가나로 써 보세요.

① 頼 む　　② お 土 産　　③ 芸 能 人

④ 海 外　　⑤ 番 組　　⑥ 習 う

⑦ 化 粧　　⑧ 出 す　　⑨ 留 学

02 다음 히라가나를 한자로 써 보세요.

① す　　　② よ　　　③ がい こく
　む　　　　ぶ

④ りょ こう　⑤ しつ もん　⑥ や
　　　　　　　　　　　　　　める

⑦ ぬ　　　⑧ まい ばん　⑨ だい がく いん
　ぐ

문장 연습

01 다음 문장을 한국어로 해석해 보세요.

① イギリスはまだ行ったことがありません。 _____

② 映画を見る前にパンでも食べましょうか。 _____
_____

③ 会社を辞めた後で、留学に行きます。 _____

02 다음 문장을 일본어로 만들어 보세요.

① 기모노를 입어본 적이 있습니까? _____

② 매일 아침, 밥을 먹은 후에 약을 먹습니다. _____

③ 집에 돌아가기 전에, 숙제를 내 주세요. _____

듣기 연습 Track 17

01 다음 단어를 듣고 받아 써 보세요.

① _____   ② _____   ③ _____
④ _____   ⑤ _____   ⑥ _____

02 다음을 문장을 듣고 받아 써 보세요.

① _____

② _____

③ _____

17 北海道に行ったことがありますか

18 花火を見たり、まつりに行ったりしました。

글자연습

01 다음 한자를 히라가나로 써 보세요.

① 先月　　② 去年　　③ 半年

④ 毎朝　　⑤ 久しぶりに　　⑥ 先週末

⑦ 花火　　⑧ 日記　　⑨ 自転車

02 다음 히라가나를 한자로 써 보세요.

① お　わる　　② おく　る　　③ のぼ　る

④ はじ　める　　⑤ ひる ね　　⑥ ねむ　い

⑦ かお　　⑧ おし　える　　⑨ うん てん　する

문장연습

01 다음 문장을 한국어로 해석해 보세요.

① 大変な仕事が終わったばかりですから、ずっとうちで休みました。

② 暇な時は友だちに会っておしゃべりをしたり、うちでごろごろしたりします。

③ 毎晩10時ぐらいに寝ますから、夜遅く遊ぶことができません。

02 다음 문장을 일본어로 만들어 보세요.

① 3개월 전에 막 회사에 들어 왔기 때문에, 매일 바쁩니다.

② 어제는 개와 놀거나, 친구에게 메일을 보내거나 했습니다.

③ 자전거를 탈 수 있습니까?

듣기연습 Track 18

01 다음 단어를 듣고 받아 써 보세요.

①　　　　　②　　　　　③
④　　　　　⑤　　　　　⑥

02 다음을 문장을 듣고 받아 써 보세요.

①

②

③

19 パソコンは使わないでください。

글자연습

01 다음 한자를 히라가나로 써 보세요.

① 来ない　　② 風邪　　③ 切る

④ 汚い　　⑤ 窓　　⑥ 危ない

02 다음 히라가나를 한자로 써 보세요.

① せいかつ　　② みじかい　　③ きょうしつ

④ あ　ける　　⑤ なが　く　　⑥ じ

⑦ むり　　⑧ さくぶん　　⑨ でんわ　で　　にる

03 다음 히라가나를 카타카나로 써 보세요.

① てーま　　② ぺん　　③ たばこ

문장연습

01 다음 문장을 한국어로 해석해 보세요.

① 寒いから、窓を開けないでください。

② 犬が嫌いだから、犬を連れてこないでください。

③ 辞書を見ながら、ゆっくり書いてもいいですから、きれいに書いてください。

02 다음 문장을 일본어로 만들어 보세요.

① 작문은 여러 가지 단어를 사용해서 길게 써 주세요.

② 수업 중에는 한국어를 사용하지 마세요.

③ 지하철 안에서는 전화를 받지 마세요.

듣기 연습 　Track 19

01 다음 단어를 듣고 받아 써 보세요.

① ②　③
④ ⑤　⑥

02 다음을 문장을 듣고 받아 써 보세요.

①
②
③

20 ここは賑やかすぎて、住みにくいです。

글자연습

01 다음 한자를 히라가나로 써 보세요.

① お腹　　② 字　　③ 町

④ 道　　⑤ 次　　⑥ 生活する

⑦ 引っ越す　　⑧ 学期　　⑨ 服

02 다음 히라가나를 한자로 써 보세요.

① かよう　　② せまい　　③ さがす

④ あるく　　⑤ はたらく　　⑥ つかれる

⑦ いたい　　⑧ しずかだ　　⑨ はなし

문장연습

01 다음 문장을 한국어로 해석해 보세요.

① この服は高すぎて、買うことができません。 _____

② 田中さんのパソコンは使いやすいですか。 _____

③ このくつは歩きにくくて、いやです。 _____

02 다음 문장을 일본어로 만들어 보세요.

① 선생님의 이야기는 이해하기(알기) 쉽습니다. _____

② 게임을 지나치게 많이 해서 눈이 아픕니다. _____

③ 이 동네는 밤 늦게까지 시끄럽기 때문에 살기 불편합니다.

_____

듣기연습 Track 20

01 다음 단어를 듣고 받아 써 보세요.

① _____ ② _____ ③ _____

④ _____ ⑤ _____ ⑥ _____

02 다음을 문장을 듣고 받아 써 보세요.

① _____

② _____

③ _____

듣고 쓰기

일본어 글씨본 + 워크북

글자 연습, 문장 연습, 듣기 연습을 통해
매일매일 일본어를 정복하자!!

이름

명사

ほん
本
책

じ しょ
辞書
사전

ざっ し
雑誌
잡지

しんぶん
新聞
신문

さい ふ
財布
지갑

かさ
傘
우산

と けい
時計
시계

でん わ
電話
전화

えんぴつ
연필

つくえ
책상

いす
의자

かばん
가방

くつ
구두/신발

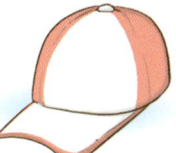
ぼうし
모자

めがね
안경

ケータイ
휴대폰

カメラ
카메라

ノート
노트

テレビ
텔레비전

パソコン
컴퓨터

図書館は何時から何時までですか。

도서관은 몇 시부터 몇 시까지입니까?

ポイント

① 숫자 익히기 (0~99)

② 시간, 분 말하기

③ 会社は何時から何時までですか。

④ 東京からソウルまでです。

今 지금	何時 몇 시	半 반
図書館 도서관	~から ~부터/에서	~まで ~까지
午前 오전	午後 오후	ここ 여기	何分 몇 분

山田: キムさん、今、何時ですか。

キム: 4時半です。

山田: 図書館は何時から何時までですか。

キム: 午前9時から午後10時までです。

山田: ここから図書館まで何分ですか。

キム: 15分です。

覚えよう

01 숫자 읽기

0	ゼロ / れい		
1	いち	10	じゅう
2	に	20	にじゅう
3	さん	30	さんじゅう
4	よん / し	40	よんじゅう
5	ご	50	ごじゅう
6	ろく	60	ろくじゅう
7	なな / しち	70	ななじゅう
8	はち	80	はちじゅう
9	きゅう / く	90	きゅうじゅう

02 何時ですか　　　　　　　　　　　　　　　몇 시입니까?

1時	いちじ	2時	にじ	3時	さんじ
4時	よじ	5時	ごじ	6時	ろくじ
7時	しちじ	8時	はちじ	9時	くじ
10時	じゅうじ	11時	じゅういちじ	12時	じゅうにじ

03 何分ですか　　　　　　　　　　　　　　　몇 분입니까?

5分	ごふん	10分	じ(ゅ)っぷん
15分	じゅうごふん	20分	にじ(ゅ)っぷん
25分	にじゅうごふん	30分	さんじ(ゅ)っぷん
35分	さんじゅうごふん	40分	よんじ(ゅ)っぷん
45分	よんじゅうごふん	50分	ごじ(ゅ)っぷん
55分	ごじゅうごふん	60分	ろくじ(ゅ)っぷん

오워보자

04 ～から～まで　　　　　　　　　　　　　　　　　　　　　-부터(에서) -까지

東京からソウルまでです。　　　　　　　동경에서 서울까지입니다.

ここから図書館まで30分です。　　　　　여기부터 도서관까지 30분입니다.

アルバイトは午前11時から午後7時までです。　　아르바이트는 오전 11시부터 오후 7시까지입니다.

05 1분 단위 읽기

1分	いっぷん
2分	にふん
3分	さんぷん
4分	よんぷん
5分	ごふん
6分	ろっぷん
7分	ななふん
8分	はちふん / はっぷん
9分	きゅうふん
10分	じ(ゅ)っぷん

06 - 시간

1時間	いちじかん
2時間	にじかん
3時間	さんじかん
4時間	よじかん
5時間	ごじかん
6時間	ろくじかん
7時間	ななじかん / しちじかん
8時間	はちじかん
9時間	くじかん
10時間	じゅうじかん

TIP [분]은 일본어로는 [ふん] 또는 [ぷん]으로 읽는다. 숫자 [1, 6, 8, 10]과 [분]이 만나면 숫자의 끝 글자가 [촉음(っ)]으로 바뀌어서 [ぷん]으로 발음된다.

東京 동경　　ソウル 서울　　ここ 여기　　図書館 도서관　　アルバイト 아르바이트
午前 오전　　午後 오후

話してみよう

01 다음 예와 같이 밑줄 친 부분을 바꾸어서 말해 보세요.

A 今、何時ですか。
B 3時です。

예 3:00

① ②

③ ④

⑤ ⑥

⑦ ⑧

02 다음 예와 같이 말해 보세요.

예 **会社 / 9:00 ~ 6:00**
A 会社は何時から何時までですか。
B くじからろくじまでです。

❶ 昼休み / 12:00 ~ 1:00

❷ テスト / 4:00 ~ 7:00

❸ デパート / 10:30 ~ 8:00

❹ 授業 / 9:30 ~ 11:00

단어

今 지금　　何時 몇 시　　会社 회사　　~から ~부터/에서　　~まで ~까지
昼休み 점심시간　　テスト 시험　　デパート 백화점　　授業 수업

聞いてみよう

들어보자

Track 17

01 예와 같이 올바르게 시간을 말하면 O표, 틀리면 X표를 하세요.

O

02 다음을 듣고 시간을 써 넣어 보세요.

9:00 ~ 6:00

~

~

~

読んでみよう ①

はじめまして、キムミンスです。

私は韓国人です。どうぞよろしくお願いします。

私は会社員です。あれは私の会社です。駅から会社まで15分です。

私の会社は韓国の会社じゃありません。日本の会社です。

仕事は午前9時から午後6時までです。

昼休みは12時から1時までです。

★ 위의 내용과 맞으면 O표, 틀리면 X표를 하세요.

❶ キムミンスさんは日本人じゃありません。(　　　)

❷ キムさんは韓国の会社の会社員です。(　　　)

❸ 昼休みは1時間です。(　　　)

駅 역　　仕事 일　　午前 오전　　午後 오후　　昼休み 점심시간　　時間 시간

03　図書館は何時から何時までですか　047

04

学校(がっこう)はうちから遠(とお)いですか。

학교는 집에서 먼가요?

ポイント

1. **い형용사** 익히기
2. 会社(かいしゃ)は**忙(いそが)しいです**。
3. 日本語(にほんご)は**難(むずか)しくありません**。
4. 仕事(しごと)**が**多(おお)いです。
5. 私(わたし)のケータイは古(ふる)いです**が**、いいです。

学校(がっこう) 학교	うち 집	～から ~부터/에서
遠(とお)い 멀다	近(ちか)い 가깝다	韓国人(かんこくじん) 한국인	友(とも)だち 친구
多(おお)い 많다	韓国語(かんこくご) 한국어	～の ~의	勉強(べんきょう) 공부
難(むずか)しい 어렵다	そうですね 그렇네요	少(すこ)し 조금	おもしろい 재미있다

キム: 山田さん、学校はうちから遠いですか。

山田: いいえ、遠くありません。近いです。

キム: 韓国人の友だちが多いですか。

山田: はい、多いです。

キム: 韓国語の勉強は難しくありませんか。

山田: そうですね。
少し難しいですが、おもしろいです。

覚えよう

01 기본형 　　　　　　　　　　　　　　　　　　　　-이다

すしはおいしい。　　　　　　　　　　　초밥은 맛있다.

パソコンは高い。　　　　　　　　　　　컴퓨터는 비싸다.

会社は忙しい。　　　　　　　　　　　　회사는 바쁘다.

02 기본형 + です 　　　　　　　　　　　　　　　　-입니다

すしはおいしいです。　　　　　　　　　초밥은 맛있습니다.

パソコンは高いです。　　　　　　　　　컴퓨터는 비쌉니다.

会社は忙しいです。　　　　　　　　　　회사는 바쁩니다.

03 기본형 + ですか 　　　　　　　　　　　　　　-입니까?

今日は暑いですか。　　　　　　　　　　오늘은 덥습니까?

漢字は難しいですか。　　　　　　　　　한자는 어렵습니까?

学校は近いですか。　　　　　　　　　　학교는 가깝습니까?

04 はい、기본형 + です 　　　　　　　　　　　예, -입니다

はい、暑いです。　　　　　　　　　　　예, 덥습니다.

はい、難しいです。　　　　　　　　　　예, 어렵습니다.

はい、近いです。　　　　　　　　　　　예, 가깝습니다.

05 いいえ、어간 + くありません
아니오, -지 않습니다

いいえ、暑くありません。 　　　　아니오, 덥지 않습니다.
いいえ、難しくありません。 　　　아니오, 어렵지 않습니다.
いいえ、近くありません。遠いです。 　아니오, 가깝지 않습니다. 멉니다.

TIP いい ▶ よくありません

06 ~が
❶ -이/-가　❷ -지만/-다만

❶ 田中さんは仕事が多いです。 　　　다나까 씨는 일이 많습니다.
　今日は天気がよくありません。 　　오늘은 날씨가 좋지 않습니다.

❷ 私のケータイは古いですが、いいです。 　내 휴대폰은 낡았지만, 좋습니다.
　日本語は難しいですが、おもしろいです。 　일본어는 어렵지만, 재미있습니다.

07 ~ね。
-군요/-네요

상대방의 말에 동의하거나, 감탄할 때 쓰는 표현으로 문장 끝에 붙여서 사용한다.

たんご

すし 초밥	おいしい 맛있다	パソコン 컴퓨터	高い 비싸다	忙しい 바쁘다
今日 오늘	暑い 덥다	漢字 한자	難しい 어렵다	学校 학교
近い 가깝다	遠い 멀다	仕事 일	多い 많다	天気 날씨
ケータイ 휴대폰	古い 낡다	いい 좋다	おもしろい 재미있다	

話してみよう

01 다음 예 와 같이 밑줄 친 부분을 바꾸어서 말해 보세요.

예 A 高い?
B うん、高い。
ううん、高くない。

예문 해석
A 비싸니?
B 응, 비싸.
아니, 안 비싸.

예 A 高いですか。
B はい、高いです。
いいえ、高くないです。
いいえ、高くありません。

예문 해석
A 비쌉니까?
B 예, 비쌉니다.
아니오, 안 비쌉니다.
아니오, 안 비쌉니다.

高い

① 暑い　② おいしい　③ かわいい　④ いい

보통형

기본형	−이다
어간 ➕ くない	−지 않다

정중형

기본형 ➕ です	−입니다
어간 ➕ くないです 어간 ➕ くありません	−지 않습니다

02 다음 예와 같이 말해 보세요.

예 会社 / 遠い / 近い

A 会社は遠いですか。
B はい、遠いです。
　いいえ、遠くありません。近いです。

❶ 日本語 / 難しい / 易しい

❷ 今日 / 寒い / 暑い

❸ キムさんのテレビ / 大きい / 小さい

❹ 田中さんのケータイ / 新しい / 古い

高い 비싸다	暑い 덥다	おいしい 맛있다	かわいい 귀엽다	いい 좋다
遠い 멀다	近い 가깝다	難しい 어렵다	易しい 쉽다	今日 오늘
寒い 춥다	テレビ 텔레비전	大きい 크다	小さい 작다	新しい 새롭다
古い 낡다				

04 学校はうちから遠いですか

聞いてみよう 들어보자

01 다음을 듣고 맞는 것에는 O표, 틀리는 것에는 X표를 하세요.

02 다음을 듣고 히라가나로 문장을 완성해 보세요.

① _____ が _____ です。

② _____ は 天気(てんき)が _____ ありません。

③ _____ は _____ 、おもしろいです。

い형용사 ①

暑い 덥다	寒い 춥다	高い 비싸다	安い 싸다

大きい 크다	小さい 작다	近い 가깝다	遠い 멀다

新しい 새롭다	古い 낡다	難しい 어렵다	易しい 쉽다

悪い 나쁘다	いい/よい 좋다	多い 많다	少ない 적다

おいしい 맛있다	おもしろい 재미있다	忙しい 바쁘다	かわいい 귀엽다

04　学校はうちから遠いですか

この白いケータイは軽くていいですね。

이 하얀 휴대폰은 가볍고 좋네요.

ポイント

1. 辛い料理です。
2. このケーキは甘くておいしいです。
3. あの店はどうですか。

この 이	白い 하얗다	軽い 가볍다
いい 좋다	そうですか 그렇습니까?	でも 하지만
古い 낡다	どうですか 어떻습니까?	新しい 새롭다	重い 무겁다

山田: この白いケータイはキムさんのですか。

キム: はい、それは私のです。

山田: 軽くていいですね。

キム: そうですか。でも、古いです。
山田さんのケータイはどうですか。

山田: 私のケータイは新しいですが、重いです。

覚えよう 오위보자

01 기본형 + 명사 －한 명사

辛い料理です。 매운 요리입니다.

背が高い人です。 키가 큰 사람입니다.

02 어간 + くて －하고, －해서

このジュースは甘くておいしいです。 이 주스는 달고 맛있습니다.

広くて明るい部屋です。 넓고 밝은 방입니다.

03 명사를 수식하는 지시어

| 이 ⊕ 명사 | 그 ⊕ 명사 | 저 ⊕ 명사 | 어느 ⊕ 명사 |
| この ⊕ 명사 | その ⊕ 명사 | あの ⊕ 명사 | どの ⊕ 명사 |

04 ～はどうですか －은/는 어떻습니까?

その辞書はどうですか。 그 사전은 어떻습니까?

あの店はどうですか。 저 가게는 어떻습니까?

話してみよう

말해보자

Track 23

01 다음 예 와 같이 말해 보세요.

> 예 料理 / 辛い
>
> A どんな料理ですか。
> B 辛い料理です。

① 傘 / 赤い

② 映画 / 怖い

③ 人 / 背が高い

④ 本 / 漢字が多い

辛い 맵다	料理 요리	背が高い 키가 크다	人 사람	ジュース 주스
甘い 달다	おいしい 맛있다	広い 넓다	明るい 밝다	部屋 방
辞書 사전	店 가게	どんな 어떤	傘 우산	赤い 빨갛다
映画 영화	怖い 무섭다	漢字 한자	多い 많다	

05 この白いケータイは軽くていいですね

話してみよう 말해보자

02 다음 예와 같이 말해 보세요.

예　鈴木さんの車 / 黒い / 大きい
A　鈴木さんの車はどうですか。
B　黒くて大きいです。

❶ このケーキ / 甘い / おいしい

❷ そのパソコン / 小さい / 軽い

❸ あの店 / 狭い / うるさい

❹ 山田さん / 明るい / おもしろい

車 자동차	黒い 까맣다	大きい 크다	ケーキ 케이크	甘い 달다
おいしい 맛있다	その 그	パソコン 컴퓨터	小さい 작다	軽い 가볍다
店 가게	狭い 좁다	うるさい 시끄럽다	明るい 밝다	おもしろい 재미있다

聞いてみよう

🎵 Track 24

01 다음을 듣고 맞는 그림을 2개 골라서 O표 하세요.

예
- a ( )
- b (O)
- c ( )
- d (O)

① a ( ) b ( ) c ( ) d ( )

② a ( ) b ( ) c ( ) d ( )

③ a ( ) b ( ) c ( ) d ( )

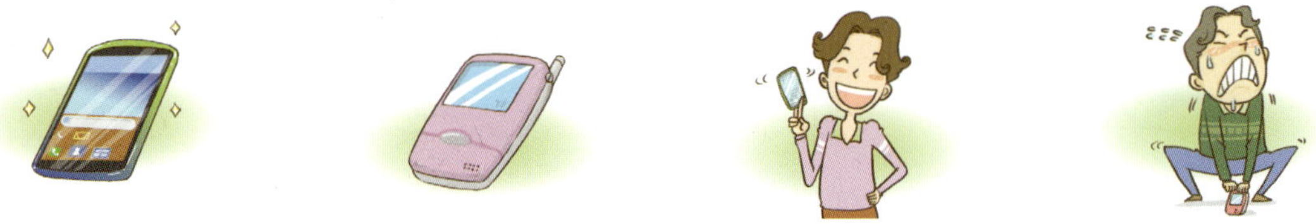

02 다음을 듣고 히라가나로 문장을 완성해 보세요.

① これは _____ 財布です。

② この _____ は _____ ですか。

③ あの部屋は _____ 広いです。

05 この白いケータイは軽くていいですね

い形容사 ②

ひろ
広い
넓다

せま
狭い
좁다

おも
重い
무겁다

かる
軽い
가볍다

たか
高い
높다

ひく
低い
낮다

あか
明るい
밝다

くら
暗い
어둡다

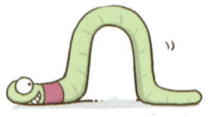
なが
長い
길다

みじか
短い
짧다

こわ
怖い
무섭다

うるさい
시끄럽다

はや
速い
빠르다

つよ
強い
강하다

あま
甘い
달다

から
辛い
맵다

くろ
黒い
까맣다

しろ
白い
하얗다

あか
赤い
빨갛다

あお
青い
파랗다

명함교환

Q 퀴즈 : 일본의 명함 예절에서 맞는 것은 어느 것일까요?

❶ 테이블을 사이에 두고 일어나서 명함교환을 한다.

❷ 상대방의 자리로 가서 명함을 교환한다.

❸ 이름이 어려워서 읽을 수 없을 때는 그 자리에서 물어보지 않는다.

❹ 명함을 받으면 바로 명함꽂이에 넣는다.

1. 테이블이 있는 경우는 상대방이 있는 곳으로 가서 명함을 교환한다.
2. 명함은 두 손으로 주고 두손으로 받는 것이 예의.
3. 자기의 성명이 상대방 쪽에서 보아 바르게 보이게끔 하고 건네면서, 회사명과 부서명, 이름을 밝히면 OK♪♪

1. 명함은 아랫사람이 먼저 드리는 것이 비즈니스 매너♪♪♪
2. 상대방이 먼저 줄 경우에는 [인사가 늦었습니다]라고 말을 덧붙이면 좋다.
3. 상사와 함께 명함을 건넬 때는 상사가 건넨 다음에 건네도록 하자.

1. 상대방의 이름을 읽을 수 없을 때는 그 자리에서 반드시 확인하기♪♪ 확인하지 않고 나중에 모르는 것이 실례.

1. 교환한 명함은 바로 명함꽂이에 넣지 않고 이야기가 끝날 때까지 책상 위에 놓아 둔다. 책상 위에 놓을 때도 책상 위에 바로 놓지 않고 명함꽂이 위에 놓는 것이 더욱 정중한 방법.
2. 여러 명과 교환했을 때는 상대의 좌석 위치에 맞게 배열해서 이름을 틀리지 않도록 주의하자.

05 この白いケータイは軽くていいですね

カラオケが好きですか。

노래방을 좋아하나요?

ポイント

1. **な형용사** 익히기
2. 今日は**暇だ**。
3. 東京は**賑やかです**。
4. このパソコンは**便利じゃありません**。
5. 私はピアノ**が上手です**。

ここ 여기/이곳	とても 매우		
賑やかだ 번화하다	そうですね 그렇네요	人 사람	多い 많다
街 거리	カラオケ 노래방	好きだ 좋아하다	
歌 노래	あまり 그다지/별로	上手だ 잘하다	下手だ 못하다

山田: ここはとても賑やかですね。

キム: そうですね。人が多くておもしろい街ですね。

山田: カラオケも多いですね。

キム: 山田さんはカラオケが好きですか。

山田: はい、好きですが、歌はあまり上手じゃありません。

キム: そうですか。私も歌が下手です。

覚えよう

01　기본형 (어간 + だ)　　　　　　　　　　　　　　　　　　　　　－하다

日本語は簡単だ。　　　　　　　　　　　　　　　　　일본어는 간단하다.

今日は暇だ。　　　　　　　　　　　　　　　　　　　오늘은 한가하다.

ここは静かだ。　　　　　　　　　　　　　　　　　　여기는 조용하다.

02　어간 + です　　　　　　　　　　　　　　　　　　　　　　　　－합니다

日本語は簡単です。　　　　　　　　　　　　　　　　일본어는 간단합니다.

今日は暇です。　　　　　　　　　　　　　　　　　　오늘은 한가합니다.

ここは静かです。　　　　　　　　　　　　　　　　　여기는 조용합니다.

03　어간 + ですか　　　　　　　　　　　　　　　　　　　　　　예, －합니까?

東京は賑やかですか。　　　　　　　　　　　　　　　동경은 번화합니까?

山田さんの車は丈夫ですか。　　　　　　　　　　　　야마다 씨의 차는 튼튼합니까?

このパソコンは便利ですか。　　　　　　　　　　　　이 컴퓨터는 편리합니까?

04　はい、어간 + です　　　　　　　　　　　　　　　　　　　　예, －합니다

はい、賑やかです。　　　　　　　　　　　　　　　　예, 번화합니다.

はい、丈夫です。　　　　　　　　　　　　　　　　　예, 튼튼합니다.

はい、便利です。　　　　　　　　　　　　　　　　　예, 편리합니다.

오너보자

05 いいえ、어간 + じゃ(では)ありません
아니오, -하지 않습니다

いいえ、賑(にぎ)やかじゃありません。 아니오, 번화하지 않습니다.

いいえ、丈夫(じょうぶ)じゃありません。 아니오, 튼튼하지 않습니다.

いいえ、便利(べんり)じゃありません。不便(ふべん)です。 아니오, 편리하지 않습니다. 불편합니다.

06
~が 好(す)きです   -을/를 좋아합니다
~が 嫌(きら)いです   -을/를 싫어합니다
~が 上手(じょうず)です   -을/를 잘합니다
~が 下手(へた)です   -을/를 잘 못합니다

田中(たなか)さんは辛(から)い料理(りょうり)が好(す)きですか。 다나까 씨는 매운 요리를 좋아합니까?

私(わたし)は怖(こわ)い映画(えいが)が嫌(きら)いです。 나는 무서운 영화를 싫어합니다.

彼(かれ)はピアノが上手(じょうず)です。 그는 피아노를 잘 칩니다.

私(わたし)は英語(えいご)が下手(へた)です。 나는 영어를 잘 못합니다.

TIP 일본어에서는 기호나 능력을 나타내는 단어 앞에 조사 [을/를]이 올 때는 [を] 대신에 [が]를 붙인다.

簡単(かんたん)だ 간단하다   暇(ひま)だ 한가하다   ここ 여기   静(しず)かだ 조용하다   賑(にぎ)やかだ 번화하다
車(くるま) 차   丈夫(じょうぶ)だ 튼튼하다   この 이   便利(べんり)だ 편리하다   不便(ふべん)だ 불편하다
料理(りょうり) 요리   怖(こわ)い 무섭다   映画(えいが) 영화   彼(かれ) 그   ピアノ 피아노

06 カラオケが好(す)きですか

話してみよう

01 다음 예와 같이 밑줄 친 부분을 바꾸어서 말해 보세요.

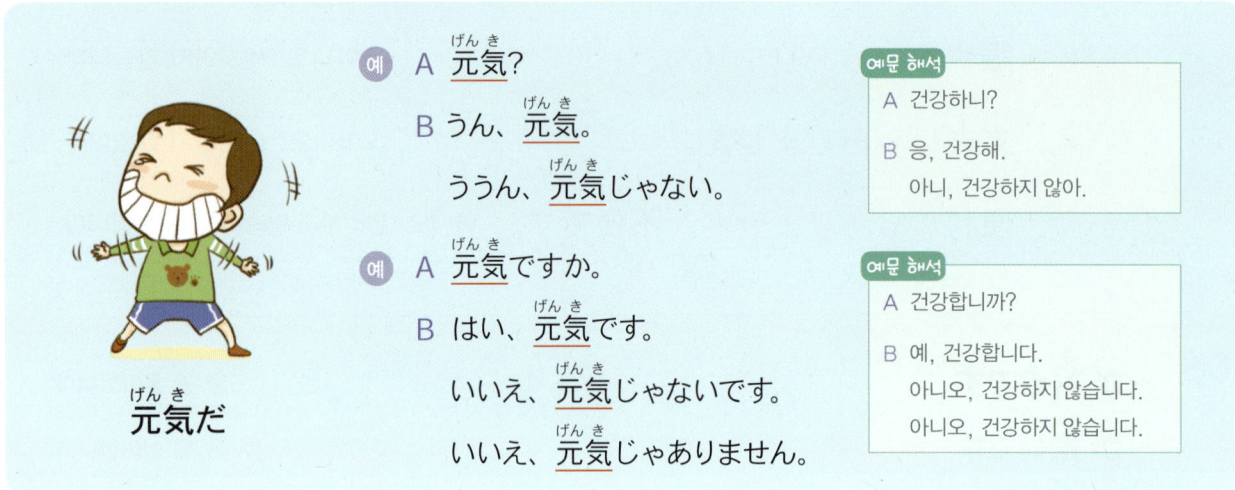

元気だ

예 A 元気?
　 B うん、元気。
　　 ううん、元気じゃない。

예문해석
A 건강하니?
B 응, 건강해.
　아니, 건강하지 않아.

예 A 元気ですか。
　 B はい、元気です。
　　 いいえ、元気じゃないです。
　　 いいえ、元気じゃありません。

예문해석
A 건강합니까?
B 예, 건강합니다.
　아니오, 건강하지 않습니다.
　아니오, 건강하지 않습니다.

❶ 有名だ　　❷ 便利だ　　❸ 暇だ　　❹ 静かだ

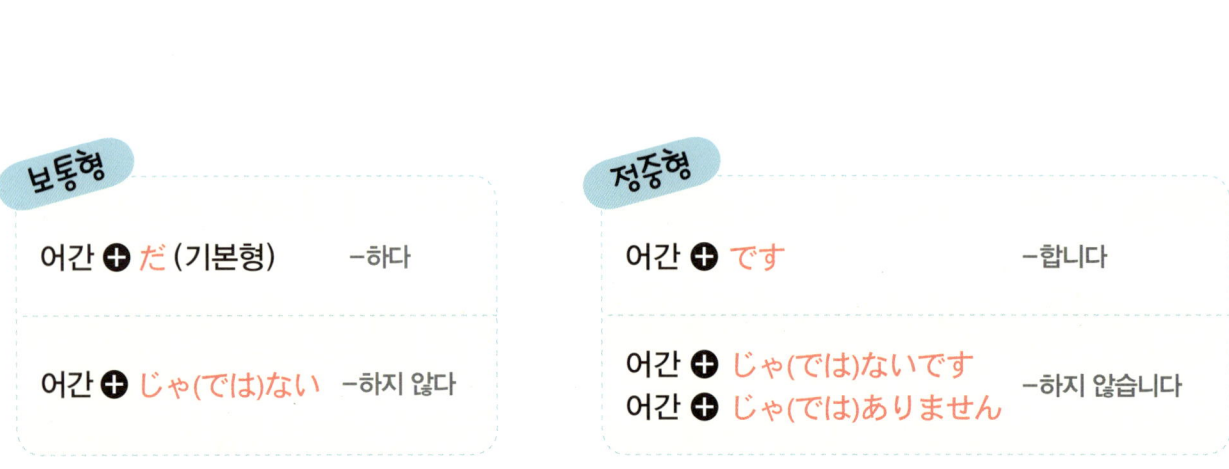

보통형

어간 ➕ だ (기본형)　　 −하다

어간 ➕ じゃ(では)ない　 −하지 않다

정중형

어간 ➕ です　　 −합니다

어간 ➕ じゃ(では)ないです
어간 ➕ じゃ(では)ありません　 −하지 않습니다

02 다음 예와 같이 말해 보세요.

예 田中さん / 真面目だ

A 田中さんは真面目ですか。
B はい、とても真面目です。
　いいえ、あまり真面目じゃありません。

❶ その店 / きれいだ

❷ 先生 / 親切だ

❸ キムさん / スポーツが好きだ

❹ 山田さん / 歌が上手だ

元気だ 건강하다　　有名だ 유명하다　　便利だ 편리하다　　暇だ 한가하다
静かだ 조용하다　　真面目だ 성실하다　　とても 매우　　あまり 그다지/별로
きれいだ 깨끗하다/예쁘다　親切だ 친절하다　スポーツ 스포츠　好きだ 좋아하다
歌 노래　　上手だ 잘하다/능숙하다

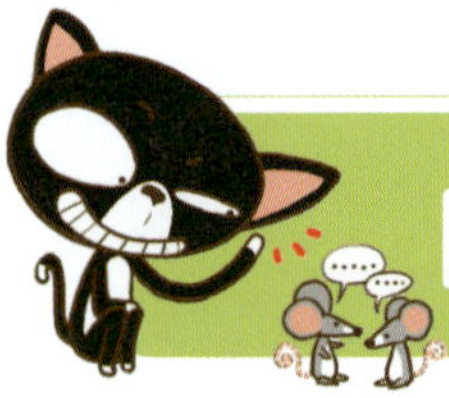

聞いてみよう　들어보자

Track 27

01 다음을 듣고 맞는 것에는 O표, 틀리는 것에는 X표를 하세요.

예 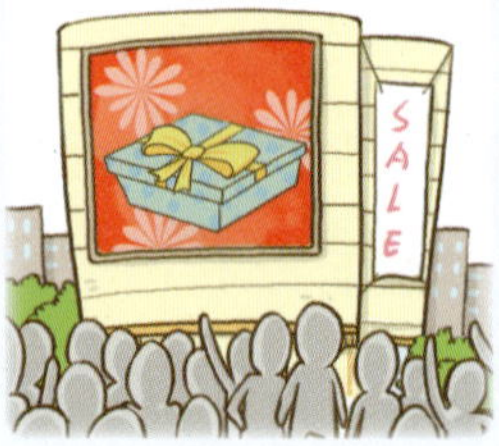

O

1. 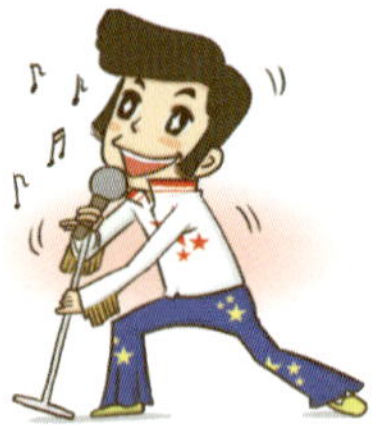 (　　　)

2. 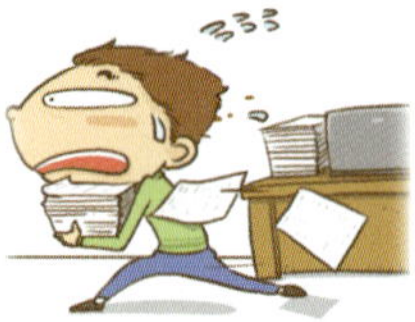 (　　　)

3. 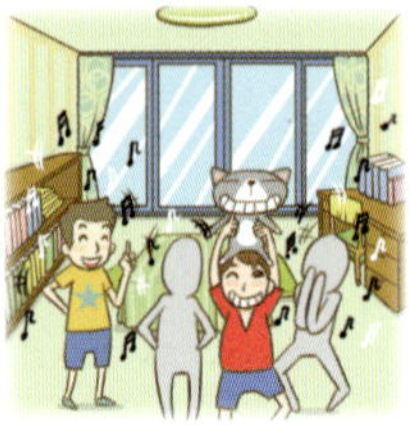 (　　　)

4. 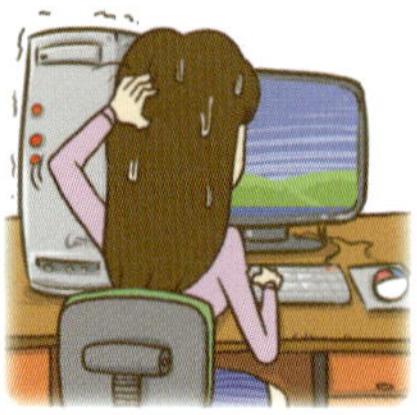 (　　　)

5. 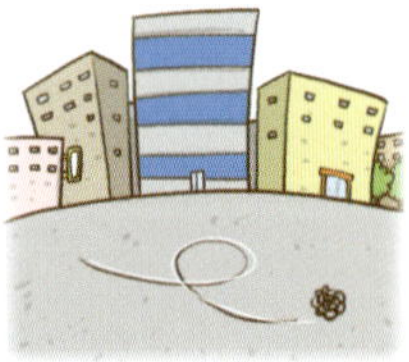 (　　　)

6. 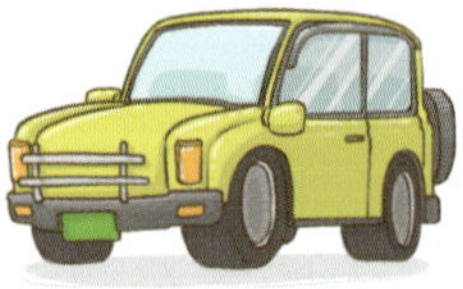 (　　　)

02 다음을 듣고 히라가나로 문장을 완성해 보세요.

1. その店(みせ)は＿＿＿＿＿＿＿＿です。
2. 日本語(にほんご)＿＿＿＿＿＿＿＿＿＿＿＿ですか。
3. この歌(うた)は＿＿＿＿＿＿＿＿じゃありません。

な형용사

好きだ
좋아하다

嫌いだ
싫어하다

上手だ
잘하다/능숙하다

下手だ
잘 못하다/서투르다

便利だ
편리하다

不便だ
불편하다

静かだ
조용하다

賑やかだ
번화하다

親切だ
친절하다

真面目だ
성실하다

元気だ
건강하다

丈夫だ
튼튼하다

きれいだ
깨끗하다/예쁘다

ハンサムだ
핸섬하다

有名だ
유명하다

簡単だ
간단하다

暇だ
한가하다

立派だ
훌륭하다

新鮮だ
신선하다

大変だ
힘들다

06　カラオケが好きですか

きれいなレストランですね。

깨끗한 레스토랑이네요.

ポイント

1. 好きな食べ物は何ですか。
2. この車は立派で丈夫です。
3. 有名なレストランだから、人が多いです。

きれいだ 깨끗하다	レストラン 레스토랑	
とても 매우/아주	有名だ 유명하다	どんな 어떤
新鮮だ 신선하다	好きだ 좋아하다	大好きだ 아주 좋아하다
でも 하지만	わさび 고추냉이	どうして 왜/어째서　　～からです ～때문입니다

山田: きれいなレストランですね。

キム: はい、ここはとても有名ですよ。

山田: どんな料理がおいしいですか。

キム: すしが新鮮で、おいしいです。

山田: キムさんはすしが好きですか。

キム: はい、大好きです。
でも、わさびはあまり好きじゃありません。

山田: どうしてですか。

キム: 辛いからです。

覚えよう

오외워보자

01 어간 + な + 명사
-한 명사

彼女は静かな人です。 　　　　　　　　그녀는 조용한 사람입니다.

好きな食べ物は何ですか。 　　　　　　좋아하는 음식은 무엇입니까?

02 어간 + で
-하고, -해서

この車は立派で、丈夫です。 　　　　　이 차는 훌륭하고, 튼튼합니다.

このパソコンは便利で、いいです。 　　이 컴퓨터는 편리해서, 좋습니다.

03 ~から
-이기/하기 때문에, -이므로/하므로

地下鉄は速いから、便利です。 　　　　지하철은 빠르기 때문에, 편리합니다.

日本語はおもしろくて簡単だから、好きです。　일본어는 재미있고 간단하기 때문에, 좋아합니다.

有名なデパートだから、人が多いです。　유명한 백화점이기 때문에, 사람이 많습니다.

04 ~よ。

상대방이 모르는 새로운 정보를 알려주거나, 자기 의사를 강하게 주장하는 표현으로 문장 끝에 붙여서 사용한다.

話してみよう

Track 29

01 다음 예와 같이 말해 보세요.

예 部屋 / 静かだ

A どんな部屋ですか。
B 静かな部屋です。

❶ 車 / 丈夫だ

❷ 公園 / きれいだ

❸ 仕事 / 大変だ

❹ 人 / スポーツが好きだ

彼女 그녀	静かだ 조용하다	人 사람	好きだ 좋아하다	食べ物 음식
車 자동차	立派だ 훌륭하다	丈夫だ 튼튼하다	便利だ 편리하다	地下鉄 지하철
速い 빠르다	簡単だ 간단하다	有名だ 유명하다	多い 많다	部屋 방
どんな 어떤	公園 공원	きれいだ 깨끗하다	仕事 일	大変だ 힘들다

07 きれいなレストランですね

話してみよう

02 다음 예와 같이 말해 보세요.

예 その会社 / 有名だ / 立派だ
A その会社はどうですか。
B 有名で、立派です。

❶ キムさん / 真面目だ / 日本語が上手だ

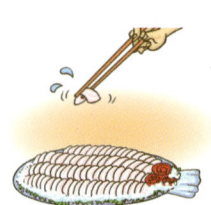

❷ このさしみ / 新鮮だ / おいしい

❸ ソウルの地下鉄 / 便利だ / 速い

❹ 山田さんの子ども / 元気だ / 明るい

有名だ 유명하다	立派だ 훌륭하다	真面目だ 성실하다	上手だ 잘하다	さしみ 회
新鮮だ 신선하다	ソウル 서울	地下鉄 지하철	便利だ 편리하다	速い 빠르다
子ども 아이	元気だ 건강하다	明るい 밝다		

03 다음 예 와 같이 말해 보세요.

예 日本語 / 簡単だ / おもしろい

A 日本語が好きです。
B どうしてですか。
A 簡単でおもしろいからです。

❶ あの店 / きれいだ / 料理がおいしい

❷ 山田さん / スポーツが上手だ / ハンサムだ

❸ パクさん / 明るい / 親切だ

❹ りんご / 甘い / おいしい

簡単だ 간단하다	どうして 왜/어째서	店 가게	きれいだ 깨끗하다
スポーツ 스포츠	ハンサムだ 핸섬하다	親切だ 친절하다	りんご 사과
甘い 달다			

聞いてみよう

01 다음을 듣고 맞는 그림을 2개 골라서 O표 하세요.　　🔊 Track 30

예　a (O)　b ( )　c (O)　d ( )

❶ a ( )　b ( )　c ( )　d ( )

❷ a ( )　b ( )　c ( )　d ( )

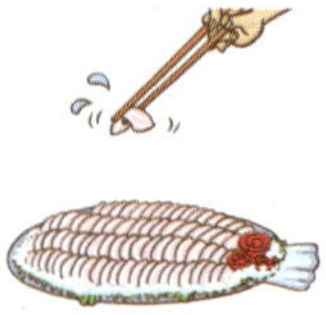

❸ a ( )　b ( )　c ( )　d ( )

02 다음을 듣고 히라가나로 문장을 완성해 보세요.

❶ キムさんは ＿＿＿＿＿＿ 医者（いしゃ）です。

❷ 東京（とうきょう）は ＿＿＿＿＿＿ 人（ひと）が多（おお）いです。

❸ 先生（せんせい）は ＿＿＿＿＿＿ 好（す）きです。

読んでみよう ②

Track 31

私は日本がとても好きです。

日本料理も、日本人も大好きだからです。

日本料理は少し高いですが、おいしいです。

日本人はとても親切です。

私のクラスの先生も親切で、おもしろいです。

そして、私は日本のドラマも好きです。

日本のドラマはストーリーがよくて、おもしろいからです。

今は日本語が下手だから、少し難しいです。

でも、日本語の勉強はおもしろいから、好きです。

★ 위의 내용과 맞으면 O표, 틀리면 X표를 하세요.

❶ 私は日本語が上手じゃありません。(　　　)

❷ 私は日本料理も日本人も好きだから、日本が好きです。(　　　)

❸ 日本料理はおいしくて高くありません。(　　　)

とても 매우/아주	大好きだ 아주 좋아하다	少し 조금	親切だ 친절하다
クラス 반/클래스	そして 그리고	ドラマ 드라마	ストーリー 스토리
下手だ 잘 못하다/서투르다	でも 하지만		

07 きれいなレストランですね

08

東京とソウルとどちらが寒いですか。

동경과 서울과 어느 쪽이 춥나요?

ポイント

1. 猫と犬とどちらがかわいいですか。
2. (バスより)地下鉄の方が便利です。
3. 果物の中で何が一番おいしいですか。
4. 春が一番好きです。

韓国 한국	冬 겨울		
～と ～와/과	どちら 어느 쪽		
～より ～보다	～方 ～쪽/편	季節 계절	～の中で ~의 중에서
いつ 언제	一番 가장/제일	春 봄	水泳 수영	夏 여름

山田: 韓国の冬はとても寒いですね。

キム: そうですか。東京とソウルとどちらが寒いですか。

山田: 東京よりソウルの方が寒いです。

キム: 山田さんは季節の中でいつが一番好きですか。

山田: 私は春が一番好きです。
キムさんはいつが一番好きですか。

キム: 水泳が好きだから、夏が一番好きです。

覚えよう

01 ～と～とどちらが～ですか
-와 -와 어느 쪽이 -입니까?

猫と犬とどちらがかわいいですか。 고양이와 개와 어느 쪽이 귀엽습니까?
バスと地下鉄とどちらが便利ですか。 버스와 지하철과 어느 쪽이 편리합니까?
サッカーと野球とどちらが上手ですか。 축구와 야구와 어느 쪽을 잘합니까?

02 (～より)～の方が～です
(-보다) -의 쪽이 -입니다

(猫より)犬の方がかわいいです。 (고양이보다) 개 쪽이 귀엽습니다.
(バスより)地下鉄の方が便利です。 (버스보다) 지하철 쪽이 편리합니다.
(野球より)サッカーの方が上手です。 (야구보다) 축구 쪽을 잘합니다.

猫 고양이   犬 개   バス 버스   地下鉄 지하철
サッカー 축구 野球 야구   果物 과일   クラス 반/클래스
背が高い 키가 크다 季節 계절 みかん 귤   春 봄

03 ～の中で何が一番～ですか　　-의 중에서 무엇이 가장 -입니까?

誰　　　　누구

どこ　　　어디

いつ　　　언제

果物の中で何が一番おいしいですか。　　과일 중에서 무엇이 가장 맛있습니까?

クラスの中で誰が一番背が高いですか。　반 안에서 누가 가장 키가 큽니까?

韓国の中でどこが一番有名ですか。　　　한국 중에서 어디가 가장 유명합니까?

季節の中でいつが一番好きですか。　　　계절 중에서 언제를 가장 좋아합니까?

04 ～が一番～です　　-이/가 가장(제일) -입니다

みかんが一番おいしいです。　　　　귤이 가장 맛있습니다.

田中さんが一番背が高いです。　　　다나까 씨가 가장 키가 큽니다.

ソウルが一番有名です。　　　　　　서울이 가장 유명합니다.

春が一番好きです。　　　　　　　　봄을 가장 좋아합니다.

話してみよう

01 다음 예와 같이 말해 보세요.

예 夏 / 冬 / 好きだ
A 夏と冬とどちらが好きですか。
B (夏より)冬の方が好きです。

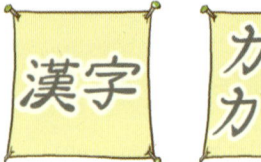

❶ 漢字 / カタカナ / 簡単だ

❷ スキー / 水泳 / 上手だ

❸ ビール / 焼酎 / おいしい

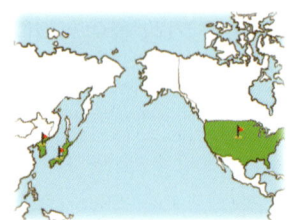

❹ 日本 / アメリカ / 韓国から遠い

夏 여름　　冬 겨울　　漢字 한자　　カタカナ 카타카나　　スキー 스키
水泳 수영　　ビール 맥주　　焼酎 소주　　アメリカ 미국　　遠い 멀다

02 다음 예와 같이 말해 보세요.

예 **果物 / 甘い**
A 果物の中で何が一番甘いですか。
B ももが一番甘いです。

❶ **乗り物 / 速い**

❷ **友だち / 真面目だ**
山田　田中　キム

❸ **日本 / 有名だ**
東京

❹ **季節 / 嫌いだ**

果物 과일	**甘い** 달다	**もも** 복숭아	**乗り物** 탈것	**速い** 빠르다
友だち 친구	**真面目だ** 성실하다	**季節** 계절	**嫌いだ** 싫어하다	

08 東京とソウルとどちらが寒いですか

聞いてみよう

01 다음을 듣고 맞는 그림을 고르세요.

예 a (O)   b ( )   c ( )

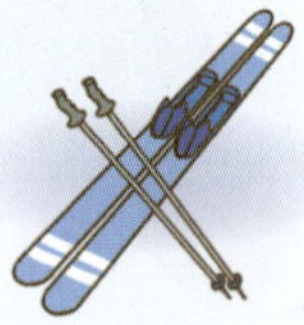

① a 漢字 ( )   b カタカナ ( )   c ひらがな ( )

② a ( )   b ( )   c ( )

③ a ( )   b ( )   c ( )

02 다음을 듣고 히라가나로 문장을 완성해 보세요.

① 日本語　　　　英語　　　　　　　　　が難しいですか。

② ぶどう　　　　いちご　　　　　　　　がおいしいです。

③ 乗り物の　　　　　で　　　　が　　　　速いですか。

季節 계절

はる
春 봄

なつ
夏 여름

あき
秋 가을

ふゆ
冬 겨울

果物 과일

みかん 귤

いちご 딸기

りんご 사과

なし 배

もも 복숭아

ぶどう 포도

すいか 수박

バナナ 바나나

オレンジ 오렌지

乗り物 탈것

ちかてつ
地下鉄 지하철

バス 버스

タクシー 택시

ひこうき
飛行機 비행기

ふね
船 배

スポーツ 스포츠

すいえい
水泳 수영

やまのぼ
山登り 등산

やきゅう
野球 야구

サッカー
축구

テニス
테니스

ゴルフ
골프

ボウリング
볼링

スノーボード
스노보드

スキー
스키

バスケットボール
농구

お酒 술

ウィスキー
위스키

カクテル
칵테일

しょうちゅう
焼酎 소주

ワイン 와인

ビール 맥주

08 東京とソウルとどちらが寒いですか

09

このかばんはいくらですか。

이 가방은 얼마입니까?

ポイント

1. 큰 수 익히기
2. 금액, 조수사(단위) 익히기
3. その<ruby>赤<rt>あか</rt></ruby>いかばんはいくらですか。
4. このケーキください。

<ruby>店員<rt>てんいん</rt></ruby> 점원	いらっしゃいませ 어서 오세요	
すみません 저기요	いくら 얼마	<ruby>円<rt>えん</rt></ruby> 일본 화폐의 단위
<ruby>少<rt>すこ</rt></ruby>し 조금	じゃあ 그러면	～より ～보다
<ruby>1<rt>ひと</rt></ruby>つ 하나	ください 주세요	ありがとうございます 감사합니다

店員: いらっしゃいませ。

山田: すみません。このかばんはいくらですか。

店員: 5600円です。

山田: そうですか。少し高いですね。

店員: じゃあ、あれはどうですか。
このかばんより安くて、いいですよ。

山田: あれはいくらですか。

店員: 3800円です。大きくて、とても便利ですよ。

山田: じゃあ、あれ1つください。

店員: ありがとうございます。

覚えよう

01 숫자 읽기 (10~90000)

	10	100	1000	10000
1	じゅう	ひゃく	せん	いちまん
2	にじゅう	にひゃく	にせん	にまん
3	さんじゅう	さんびゃく	さんぜん	さんまん
4	よんじゅう	よんひゃく	よんせん	よんまん
5	ごじゅう	ごひゃく	ごせん	ごまん
6	ろくじゅう	ろっぴゃく	ろくせん	ろくまん
7	ななじゅう	ななひゃく	ななせん	ななまん
8	はちじゅう	はっぴゃく	はっせん	はちまん
9	きゅうじゅう	きゅうひゃく	きゅうせん	きゅうまん

02 ~はいくらですか   −은/는 얼마입니까?

このカメラはいくらですか。   이 카메라는 얼마입니까?

その赤(あか)いかばんはいくらですか。   그 빨간 가방은 얼마입니까?

03 ください   주세요

りんご4つとすいか1つください。   사과 4개와 수박 1개 주세요.

コーラとコーヒー2つずつください。   콜라와 커피 2개씩 주세요.

04 금액 및 조수사 (단위)

	~円 엔	~つ 개	~枚 장	~本 자루/병	~冊 권	~階 층
1	いちえん	ひとつ	いちまい	いっぽん	いっさつ	いっかい
2	にえん	ふたつ	にまい	にほん	にさつ	にかい
3	さんえん	みっつ	さんまい	さんぼん	さんさつ	さんがい
4	よえん	よっつ	よんまい	よんほん	よんさつ	よんかい
5	ごえん	いつつ	ごまい	ごほん	ごさつ	ごかい
6	ろくえん	むっつ	ろくまい	ろっぽん	ろくさつ	ろっかい
7	ななえん	ななつ	ななまい	ななほん	ななさつ	ななかい
8	はちえん	やっつ	はちまい	はっぽん	はっさつ	はちかい / はっかい
9	きゅうえん	ここのつ	きゅうまい	きゅうほん	きゅうさつ	きゅうかい
10	じゅうえん	とお	じゅうまい	じゅっぽん	じゅっさつ	じゅっかい
	いくら 얼마	いくつ 몇 개	なんまい 몇 장	なんぼん 몇 자루/몇 병	なんさつ 몇 권	なんがい 몇 층

09

カメラ 카메라　　赤い 빨갛다　　~と ~와/과　　すいか 수박　　コーラ 콜라
コーヒー 커피　　~ずつ ~씩

09 このかばんはいくらですか

話してみよう

01 다음 예와 같이 말해 보세요.

예　ケーキ

A　ケーキください。
B　いくつですか。
A　みっつください。

❶ おにぎり

❷ ラーメン

❸ ホットコーヒー

❹ コーラ

ケーキ 케이크	ください 주세요	いくつ 몇 개	おにぎり 주먹밥
ラーメン 라면	ホットコーヒー 뜨거운 커피	コーラ 콜라	うどん 우동
ハンバーガー 햄버거	サラダ 샐러드	辞書(じしょ) 사전	めがね 안경
時計(とけい) 시계	テレビ 텔레비전		

02 다음 와 같이 말해 보세요.

A うどんはいくらですか。
B ろっぴゃくはちじゅうえんです。

うどん / 680円

❶
ハンバーガー / 390円

❷
サラダ / 570円

❸
辞書 / 1900円

❹
めがね / 3600円

❺
時計 / 18000円

❻
テレビ / 46800円

話してみよう 말해보자

03 다음 예와 같이 밑줄 친 부분을 바꾸어서 말해 보세요.

> 예 店員　いらっしゃいませ。
> 客　<u>ドーナツ</u>はいくらですか。
> 店員　<u>ひゃくごじゅうえん</u>です。
> 客　<u>アイスティー</u>はいくらですか。
> 店員　<u>にひゃくはちじゅうえん</u>です。
> 客　<u>ドーナツ</u>と<u>アイスティー</u>ください。
> 店員　はい、全部で<u>よんひゃくさんじゅうえん</u>です。
> 客　じゃあ、これでお願いします。
> 店員　ありがとうございます。

예   430円

　　ドーナツ (150円)　　アイスティー (280円)

❶

　　ボールペン (90円)　　ノート (120円)

❷

　　ぼうし (840円)　　傘 (1600円)

店員 점원	いらっしゃいませ 어서 오세요	客 손님	ドーナツ 도넛
いくら 얼마	アイスティー 아이스 티	～と ～와/과	ください 주세요
全部で 전부 해서	じゃあ 그러면	これで 이것으로	お願いします 부탁합니다
ボールペン 볼펜	ノート 노트	ぼうし 모자	

聞いてみよう

틀어보자

Track 37

01 다음을 듣고 맞는 것에는 O표, 틀리는 것에는 X표를 하세요.

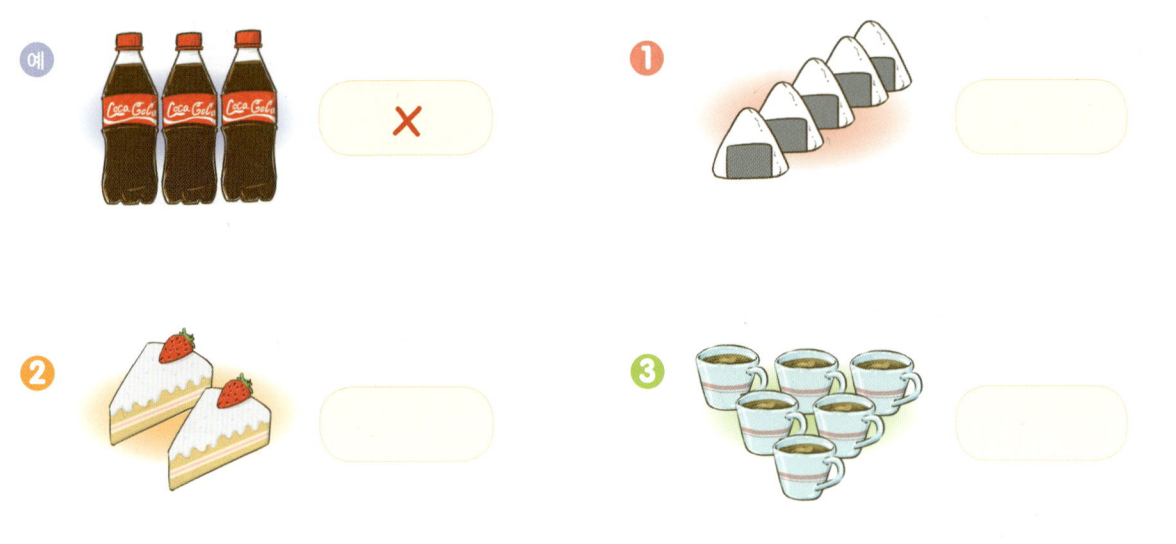

02 다음을 듣고 금액을 넣어 보세요.

10

この近くに銀行がありますか。

이 근처에 은행이 있나요?

ポイント

1. 위치 명사 익히기
2. 駅の中にトイレがあります。
3. 私の後ろに木村さんがいます。

すみません 실례합니다	近く 근처	
～に ～에	銀行 은행	
～が ～이/가	あります 있습니다	通行人 통행인
本屋 서점/책방	2階 2층	すみませんが 실례합니다만
どこ 어디	あそこ 저기	デパート 백화점　隣 옆　上 위

山田 : すみません。この近くに銀行がありますか。

通行人: 銀行ですか。あ、本屋の2階にありますよ。

山田 : 本屋の2階ですか。
　　　　すみませんが、本屋はどこですか。

通行人: あそこにデパートがありますね。
　　　　その隣が本屋です。

山田 : デパートの隣が本屋ですね。

通行人: はい、その上に銀行があります。

山田 : そうですか。ありがとうございます。

覚えよう

01 ～に～があります (사물, 식물)　　　　　　　　　　　　　　－에 －이/가 있습니다

駅の中にトイレがあります。　　　　　　　　　　　역 안에 화장실이 있습니다.

机の上に花があります。　　　　　　　　　　　　책상 위에 꽃이 있습니다.

02 ～に～がいます (사람, 동물)　　　　　　　　　　　　　　－에 －이/가 있습니다

私の後ろに木村さんがいます。　　　　　　　　　내 뒤에 기무라 씨가 있습니다.

いすの下に猫がいます。　　　　　　　　　　　　의자 아래에 고양이가 있습니다.

03 ありません / いません　　　　　　　　　　　　　　　　　　없습니다

テストがありますか。　　　　　　　　　　　　　시험이 있습니까?
　　いいえ、ありません。　　　　　　　　　　　아니오, 없습니다.

日本人の友だちが いますか。　　　　　　　　　　일본인 친구가 있습니까?
　　いいえ、いません。　　　　　　　　　　　　아니오, 없습니다.

04 장소를 나타내는 지시어

	－곳(장소)	－쪽(방향)
이	ここ	こちら
그	そこ	そちら
저	あそこ	あちら
어느	どこ	どちら

05 위치

 上 うえ 위

 下 した 아래

 前 まえ 앞

 後ろ うし 뒤

 右 みぎ 오른쪽

 左 ひだり 왼쪽

 中 なか 안

 外 そと 밖

 そば 옆

 隣 となり 옆

 近く ちか 근처

 間 あいだ 사이

TIP 隣 となり 옆: 같은 종류가 같은 방향으로 바로 옆에 있을 때 사용한다.

駅 えき 역　　トイレ 화장실　　机 つくえ 책상　　花 はな 꽃　　いす 의자　　猫 ねこ 고양이

話してみよう

01 다음 예와 같이 말해 보세요.

예 財布 / かばんの中
A 財布がありますか。 B はい、あります。
A どこにありますか。 B かばんの中にあります。

❶ 車 / 店の前

❷ 本棚 / 机とテレビの間

❸ 犬 / ベッドの上

❹ 田中さん / 木村さんの後ろ

中 안	前 앞	本棚 책장	机 책상	間 사이	犬 개
ベッド 침대	上 위	後ろ 뒤	駅 역	近く 근처	銀行 은행
カラオケ 노래방	花屋 꽃집/화원	本屋 책방/서점	コンビニ 편의점		

02 다음 예와 같이 말해 보세요.

예 **デパート**
A デパートはどこにありますか。
B 駅の近くにあります。

❶ 銀行
❷ カラオケ
❸ 花屋
❹ 田中さん
❺ 本屋
❻ 犬

 聞いてみよう 들어보자

 Track 40

01 다음을 듣고 맞는 것에는 O표, 틀리는 것에는 X표를 하세요.

예)  O

① ② ③ ④

02 다음을 듣고 히라가나로 문장을 완성해 보세요.

① デパートの _____ に銀行(ぎんこう)が _____ 。

② _____ は駅(えき)の _____ に _____ 。

③ キムさん _____ 中村(なかむら)さんの _____ に先生(せんせい)が _____ 。

読んでみよう ③

はじめまして。私は田中みほです。大学1年生です。

私の大学はソウルにあります。今、韓国語を勉強中です。

でも、韓国語があまり上手じゃありませんから、まだ難しいです。

私の友だちの木村さんはクラスの中で一番韓国語が上手です。

彼女は韓国人の友だちが多いですから、韓国語が上手です。

でも、私は韓国人の友だちがいませんから、

うらやましいです。

私も韓国人の友だちがほしいです。

★ 위의 내용과 맞으면 O표, 틀리면 X표를 하세요.

❶ 私は友だちより韓国語が下手です。（　　　）

❷ 私は韓国人の友だちが少ないです。（　　　）

❸ 私の大学は韓国にあります。（　　　）

大学 대학	～年生 ～학년	ある (사물/식물이) 있다	今 지금	～を ～을/를
勉強中 공부 중	でも 하지만	あまり 그다지/별로	まだ 아직	クラス 반/클래스
一番 가장/제일	彼女 그녀	いる (사람/동물이) 있다	うらやましい 부럽다	
～がほしい ～을/를 갖고 싶다(원한다)				

旅行は8月4日まででした。
りょこう

여행은 8월 4일까지였습니다.

ポイント

1. 날짜, 요일 익히기
2. 명사, 형용사 과거형 익히기
3. 今日は何月何日ですか。
   きょう なんがつなんにち
4. お誕生日はいつですか。
   たんじょうび

夏休み 여름방학(여름휴가)
なつやす

どうでしたか 어땠습니까?　　**旅行** 여행　りょこう　　**楽しい** 즐겁다　たの

いつ 언제　　**天気** 날씨　てんき　　**とても** 매우　　**暑い** 덥다　あつ

ホテル 호텔　　**安い** 싸다　やす　　**料理** 요리　りょう り　　**部屋** 방　へ や　　**きれいだ** 깨끗하다

キム: 山田さん、夏休みはどうでしたか。

山田: 旅行が楽しかったです。

キム: そうですか。
旅行はいつからいつまででしたか。

山田: 7月29日から8月4日まででした。
いい天気でしたが、とても暑かったです。

キム: ホテルはどうでしたか。

山田: あまり安くありませんでしたが、
料理もおいしくて、部屋もきれいでした。

覚えよう

01 과거형(정중형)

	긍정	부정
い형용사	어간 + かったです	어간 + くありませんでした
な형용사	어간 + でした	어간 + じゃありませんでした
명사	명사 + でした	명사 + じゃありませんでした

昨日は忙しかったです。　　　　　　　　　　　어제는 바빴습니다.

ケータイは高くありませんでした。　　　　　휴대폰은 비싸지 않았습니다.

土曜日はとても暇でした。　　　　　　　　　　토요일은 아주 한가했습니다.

新しい仕事は大変じゃありませんでした。　　새로운 일은 힘들지 않았습니다.

高校の先生は親切な人でした。　　　　　　　　고등학교 선생님은 친절한 사람이었습니다.

昨日は雨じゃありませんでした。　　　　　　　어제는 비가 아니었습니다.

昨日 어제　　忙しい 바쁘다　　土曜日 토요일　　暇だ 한가하다　　新しい 새롭다
仕事 일　　大変だ 힘들다　　高校 고등학교　　親切だ 친절하다　　雨 비

02 何月(なんがつ)ですか　　　　　　　　　　　　　　　　　　몇 월입니까?

1월 いちがつ	2월 にがつ	3월 さんがつ
4월 しがつ	5월 ごがつ	6월 ろくがつ
7월 しちがつ	8월 はちがつ	9월 くがつ
10월 じゅうがつ	11월 じゅういちがつ	12월 じゅうにがつ

03 何日(何曜日)(なんにち なんようび)ですか　　　　　며칠(무슨 요일)입니까?

日曜日(にちようび) 일요일	月曜日(げつようび) 월요일	火曜日(かようび) 화요일	水曜日(すいようび) 수요일	木曜日(もくようび) 목요일	金曜日(きんようび) 금요일	土曜日(どようび) 토요일
			1일 ついたち	2일 ふつか	3일 みっか	4일 よっか
5일 いつか	6일 むいか	7일 なのか	8일 ようか	9일 ここのか	10일 とおか	11일 じゅういちにち
12일 じゅうににち	13일 じゅうさんにち	14일 じゅうよっか	15일 じゅうごにち	16일 じゅうろくにち	17일 じゅうしちにち	18일 じゅうはちにち
19일 じゅうくにち	20일 はつか	21일 にじゅういちにち	22일 にじゅうににち	23일 にじゅうさんにち	24일 にじゅうよっか	25일 にじゅうごにち
26일 にじゅうろくにち	27일 にじゅうしちにち	28일 にじゅうはちにち	29일 にじゅうくにち	30일 さんじゅうにち	31일 さんじゅういちにち	

覚えよう   오외워보자

04 何年(なんねん)ですか   몇 년입니까?

1년 いちねん	2년 にねん	3년 さんねん
4년 よねん	5년 ごねん	6년 ろくねん
7년 しち(なな)ねん	8년 はちねん	9년 きゅうねん
10년 じゅうねん	11년 じゅういちねん	12년 じゅうにねん

05 ～はいつですか   −은 언제입니까?

お誕生日(たんじょうび)はいつですか。   생일은 언제입니까?

夏休(なつやす)みはいつですか。   여름방학(여름 휴가)은 언제입니까?

バレンタインデーはいつですか。   밸런타인데이는 언제입니까?

たんご

お誕生日(たんじょうび) 생일　　夏休(なつやす)み 여름방학/여름휴가　　バレンタインデー 밸런타인데이　　昨日(きのう) 어제
週末(しゅうまつ) 주말　　旅行(りょこう) 여행　　楽(たの)しい 즐겁다　　映画(えいが) 영화　　怖(こわ)い 무섭다
今日(きょう) 오늘　　授業(じゅぎょう) 수업　　難(むずか)しい 어렵다　　天気(てんき) 날씨

話してみよう

01 다음 예와 같이 말해 보세요.

예 昨日 / 暑い

A 昨日は暑かったですか。
B はい、暑かったです。
　いいえ、暑くありませんでした。

❶ 週末 / 忙しい

❷ 旅行 / 楽しい

❸ その映画 / 怖い

❹ 今日の授業 / 難しい

❺ 昨日 / 天気がいい

話してみよう

02 다음 예 와 같이 말해 보세요.

예 昨日 / 暇だ

A 昨日は暇でしたか。
B はい、暇でした。
　いいえ、暇じゃありませんでした。

❶ あの店 / きれいだ

❷ 授業 / 簡単だ

❸ 昨日 / 雨

❹ 土曜日 / 休み

❺ 先週 / テスト

昨日 어제　　暇だ 한가하다　　店 가게　　授業 수업　　簡単だ 간단하다
雨 비　　土曜日 토요일　　休み 휴일/휴가　　先週 지난주　　テスト 시험
何月何日 몇 월 며칠　　明日 내일　　お正月 설날　　お誕生日 생일
子どもの日 어린이날　　デパート 백화점　　セール 세일

03 다음 예와 같이 말해 보세요.

예　A 今日は何月何日ですか。(4月 17日)
　　B しがつじゅうしちにちです。

❶ A 明日は何月何日ですか。(12月3日)
　 B

❷ A お正月はいつですか。(1月1日)
　 B

❸ A お誕生日はいつですか。(9月10日)
　 B

❹ A 子どもの日はいつですか。(5月5日)
　 B

❺ A テストはいつからいつまでですか。(11月8日〜14日)
　 B

❻ A デパートのセールはいつからいつまでですか。(7月9日〜20日)
　 B

聞いてみよう 들어보자

Track 44

01 다음을 듣고 언제부터 언제까지인지 날짜를 적어 넣으세요.

예: 8日 ~ 17日

① ___ ~ ___

② ___ ~ ___

③ ___ ~ ___

④ ___ ~ ___

버스 매너

Q 퀴즈 : 일본의 버스문화에서 맞는 것은 어느 것일까요?

❶ 일본의 버스정류장에는 운행 시간표가 있다.

❷ 일본 버스 안에서는 휴대폰을 사용해서는 안 된다.

❸ 일본 버스에는 노약자석이 없다.

❹ 일본에서 버스를 내릴 때는 미리 문 앞에 서서 기다리다가, 문이 열리면 빨리 내리지 않으면 안 된다.

 일본 버스에는 운행 시간표가 있어, 시간표대로 제시간에 버스가 오기 때문에 편리하다.

 일본의 버스나 지하철에서는 휴대폰을 사용할 수 없다.
버스를 탈 때 무음이나 진동으로 해 놓는 것은 필수.
만약에 버스 안에서 전화가 걸려 오면, 내려서 전화를 걸도록 하자♪♪♪

 일본의 버스나 지하철에도 한국과 같이 노약자석(優先席<ruby>ゆうせんせき</ruby>)이 있다.
사람이 없을 때는 노약자석에 앉아도 되지만, 나이 드신 분이나 아이, 임산부, 몸이 불편한 분이 탔을 때는 바로 일어나서 자리를 양보하자♪♪♪

일본 버스에서는 버스가 정차하기 전에 자리에서 일어나 문 앞에서 기다려서는 안 된다.
한국처럼 버스가 서고 나서 바로 내리지 않으면 출발해 버리지 않기 때문에 버스가 완전히 정차한 후에 일어나서 내리자. 정차하기 전에 무심코 일어서면, [위험하니까 일어나지 마세요]라고 운전기사로부터 마이크를 통해 주의를 받는 경우도 있으니 조심하자♪♪♪

11 旅行<ruby>りょこう</ruby>は8月4日まででした

よくカラオケに行きますか。

자주 노래방에 가세요?

ポイント

1. <u>동사</u> 익히기
2. <u>ます형</u> 익히기
3. 図書館で勉強を<u>します</u>。
4. 今日は恋人に会い<u>ません</u>。
5. <u>조사</u> 익히기

今週末 이번 주말　　何 무엇

～を ～을/를　　する 하다　　友だち 친구

～に会う ～을/를 만나다　　それから 그리고 나서　　カラオケ 노래방

～に ～에　行く 가다　　よく 자주　　歌 노래　　好きだ 좋아하다

～から ～부터/이기 때문에　　楽しい 즐겁다　　図書館 도서관　　あまり 그다지

でも 하지만　　来週 다음 주　　～で ～에서　　勉強 공부

山田: キムさん、今週末は何をしますか。

キム: 友だちに会います。それから、カラオケに行きます。

山田: よくカラオケに行きますか。

キム: はい、歌が好きだから、よく行きます。
とても楽しいですよ。山田さんは何をしますか。

山田: 図書館に行きます。

キム: よく図書館に行きますか。

山田: いいえ、あまり行きません。でも、来週から
テストだから、図書館で勉強をします。

覚えよう

01 동사

▶ **동사는 어미가 [う]단으로 끝난다.**
   즉, 어미가 [う、く、ぐ、す、つ、ぬ、ぶ、む、る]이다.

▶ **동사의 종류**
   1. 1그룹동사   2. 2그룹동사   3. 3그룹동사

종류	구분 방법
1그룹동사	❶ [る]로 끝나지 않는 동사 예) 会う、書く、泳ぐ、話す、待つ、死ぬ、遊ぶ、飲む… ❷ [る]로 끝나고 바로 앞이 [あ]단, [う]단, [お]단이 오는 동사 예) ある、作る、撮る… ❸ 예외1그룹동사 예) 帰る、入る、走る、切る、知る、要る…
2그룹동사	[る]로 끝나고 바로 앞이 [い]단, [え]단이 오는 동사 예) 見る、起きる、寝る、食べる…
3그룹동사	예) 来る、する

02 ～ます형(정중형)　　　　　　　　　　　　　　　　　　－합니다

	기본형	ます ~합니다/하겠습니다	ません ~하지 않습니다/하지 않겠습니다
1그룹동사 어미 い단+ます	会う	会います	会いません
	書く	書きます	書きません
	泳ぐ	泳ぎます	泳ぎません
	話す	話します	話しません
	待つ	待ちます	待ちません
	死ぬ	死にます	死にません
	遊ぶ	遊びます	遊びません
	飲む	飲みます	飲みません
	作る	作ります	作りません
2그룹동사 る+ます	見る	見ます	見ません
	寝る	寝ます	寝ません
3그룹동사	来る	来ます	来ません
	する	します	しません

会う 만나다	書く 쓰다	泳ぐ 수영하다	話す 말하다	待つ 기다리다
死ぬ 죽다	遊ぶ 놀다	飲む 마시다	ある 있다	作る 만들다
撮る 찍다	帰る 돌아가다	入る 들어가다	走る 달리다	切る 자르다
知る 알다	要る 필요하다	見る 보다	起きる 일어나다	寝る 자다
食べる 먹다	来る 오다	する 하다		

12　よくカラオケに行きますか

話してみよう

말해보자

🎵 Track 46

01 다음 예와 같이 말해 보세요.

예 コーヒーを飲む

A よくコーヒーを飲みますか。
B はい、飲みます。
　 いいえ、飲みません。

❶ 友だちと話す

❷ プールで泳ぐ

❸ タクシーに乗る

❹ 日本料理を食べる

❺ このレストランに来る

コーヒー 커피	飲む 마시다	よく 자주/잘	話す 말하다	プール 풀장
泳ぐ 수영하다	タクシー 택시	～に乗る ～을/를 타다	日本料理 일본 요리	食べる 먹다
この 이	レストラン 레스토랑		来る 오다	

118　NEW すくすく 日本語 기초완성 上

聞いてみよう 들어보자

Track 47

01 다음을 듣고 그림을 골라서 순서대로 번호를 넣으세요.

5 → ☐ → ☐ → ☐ → ☐ → ☐ → ☐ → ☐

12　よくカラオケに行きますか

조사

	의미	예문
は	~은/는	私は会社員です。
も	~도	キムさんは英語も日本語も上手です。
の	명사수식	これは韓国の新聞です。
	~의	それは先生の本です。
	~의 것	あの財布は私のです。
が	~이/가	今日は天気がいいです。
	~지만/다만	すしは高いですが、おいしいです。
から	~부터/에서	日本語の授業は2時からです。
	~때문에(이유)	この店は有名だから、人が多いです。
まで	~까지	会社は午後7時までです。
と	~와/과	この新聞と雑誌ください。
を	~을/를	テレビを見ます。
へ	~에/~(으)로(방향)	学校へ行きます。
に	~에(장소)	図書館に来ます。
	~에(시간)	朝6時に起きます。
	~에게(상대)	先生に話します。
で	~에서(장소)	図書館で勉強します。
	~로(수단/방법)	会社まで地下鉄で行きます。 日本語で話します。
	숫자+で(~해서)	全部でいくらですか。

자주 쓰이는 동사 표현

朝7時に起きる
아침 7시에 일어나다

ごはんを食べる
밥을 먹다

地下鉄に乗る
지하철을 타다

学校へ行く
학교에 가다

勉強をする
공부를 하다

先生と話す
선생님과 이야기하다

図書館に来る
도서관에 오다

レポートを書く
리포트를 쓰다

本を読む
책을 읽다

電話をかける
전화를 걸다

恋人に会う
애인을 만나다

かばんを買う
가방을 사다

友だちと遊ぶ
친구와 놀다

お酒を飲む
술을 마시다

音楽を聞く
음악을 듣다

歌を歌う
노래를 부르다

うちへ帰る
집에 돌아오다

テレビを見る
텔레비전을 보다

お風呂に入る
목욕을 하다

夜、遅く寝る
밤 늦게 자다

12 よくカラオケに行きますか

13

一緒に買い物に行きませんか。

함께 쇼핑하러 가지 않겠습니까?

ポイント

1. 동사의 과거, 과거부정형 익히기
2. 友だちと遊び**ました**。
3. 昨日は学校へ行き**ませんでした**。
4. 少し休み**ませんか**。
5. 早く帰り**ましょう**。
6. 何時に会い**ましょうか**。
7. 映画を見**に**行きます。
8. 昨日は**アルバイトに**行きました。

来週 다음 주	誕生日 생일	
プレゼント 선물	買う 사다	まだ 아직
これから 이제부터	一緒に 함께/같이	買い物 쇼핑
どこ 어디	何時 몇 시	〜に会う 〜을/를 만나다
学校 학교　前 앞	どうですか 어떻습니까?	そうしましょう 그렇게 합시다　ドラマ 드라마

キム: 山田さん、来週の月曜日は田中さんの誕生日ですね。

山田: そうですね。プレゼントは買いましたか。

キム: いいえ、まだです。これから買いに行きます。

山田: そうですか。
私もまだですから、一緒に買い物に行きませんか。

キム: ええ、どこで、何時に会いましょうか。

山田: 学校の前で4時はどうですか。

キム: ええ、そうしましょう。何を買いましょうか。

山田: 田中さんは韓国のドラマが好きだから、
ドラマのDVDはどうですか。

キム: いいですね。そうしましょう。

覚えよう

01 ます형의 과거형

	기본형	～ました ~했습니다	～ませんでした ~하지 않았습니다
1그룹동사 어미い단+ました	買う	買いました	買いませんでした
	聞く	聞きました	聞きませんでした
	急ぐ	急ぎました	急ぎませんでした
	話す	話しました	話しませんでした
	待つ	待ちました	待ちませんでした
	死ぬ	死にました	死にませんでした
	遊ぶ	遊びました	遊びませんでした
	読む	読みました	読みませんでした
	乗る	乗りました	乗りませんでした
2그룹동사 る+ました	見る	見ました	見ませんでした
	食べる	食べました	食べませんでした
3그룹동사	来る	来ました	来ませんでした
	する	しました	しませんでした

오이보자

02 ～ませんか   －하지 않겠습니까?

ごはんを食(た)べませんか。   밥을 먹지 않겠습니까?

一緒(いっしょ)に遊(あそ)びませんか。   함께 놀지 않겠습니까?

少(すこ)し休(やす)みませんか。   조금 쉬지 않겠습니까?

03 ～ましょう   －합시다

映画(えいが)を見(み)ましょう。   영화를 봅시다.

一緒(いっしょ)に運動(うんどう)しましょう。   함께 운동합시다.

早(はや)く帰(かえ)りましょう。   일찍 (집에) 돌아갑시다.

たんご

買(か)う 사다	聞(き)く 듣다	急(いそ)ぐ 서두르다	話(はな)す 말하다	待(ま)つ 기다리다
死(し)ぬ 죽다	遊(あそ)ぶ 놀다	読(よ)む 읽다	～に乗(の)る ～을/를 타다	見(み)る 보다
食(た)べる 먹다	来(く)る 오다	する 하다	ごはん 밥	一緒(いっしょ)に 함께/같이
少(すこ)し 조금	休(やす)む 쉬다	映画(えいが) 영화	運動(うんどう)する 운동하다	早(はや)く 일찍
帰(かえ)る 돌아오다/돌아가다				

13 一緒(いっしょ)に買(か)い物(もの)に行(い)きませんか

覚えよう
오워보자

04 ～ましょうか　　　　　　　　　　　　　　　　　　　　　　　　　－할까요?

何時に会いましょうか。　　　　　　　　　　　　　　　　　　　　몇 시에 만날까요?

タクシーに乗りましょうか。　　　　　　　　　　　　　　　　　　택시를 탈까요?

日本へ旅行に行きましょうか。　　　　　　　　　　　　　　　　　일본에 여행 갈까요?

05 동사의 ます형＋に
　　동작성 명사＋に　　　　　　　　　　　　　　　　　　　　　　　－하러

恋人と映画を見に行きます。　　　　　　　　　　　　　　　　　　애인과 영화를 보러 갑니다.

明日、先生に会いに行きましょう。　　　　　　　　　　　　　　　내일 선생님을 만나러 갑시다.

昨日はアルバイトに行きました。　　　　　　　　　　　　　　　　어제는 아르바이트하러 갔습니다.

一緒に食事に行きませんか。　　　　　　　　　　　　　　　　　　함께 식사하러 가지 않겠습니까?

タクシー 택시	～に乗る ~을/를 타다	旅行 여행	恋人 애인	映画 영화
明日 내일	会う 만나다	昨日 어제	アルバイト 아르바이트	
食事 식사	学校 학교	早く 일찍	寝る 자다	料理 요리
作る 만들다	勉強 공부	電話 전화	かける 걸다	

話してみよう

Track 49

01 다음 예와 같이 말해 보세요.

예 学校へ行く

A 昨日、学校へ行きましたか。
B はい、行きました。
　いいえ、行きませんでした。

❶ 恋人に会う

❷ 早く寝る

❸ 料理を作る

❹ 日本語の勉強をする

❺ 友だちに電話をかける

話してみよう

02 다음 예와 같이 말해 보세요.

예 図書館に行く / 忙しい

A 一緒に、図書館に行きませんか。
B いいですね。行きましょう。
　 すみません。忙しいですからちょっと…。

❶ 海で泳ぐ / 天気が悪い

❷ お酒を飲む / 仕事が多い

❸ 映画を見る / 宿題が大変だ

❹ 歌を歌う / 歌が下手だ

❺ ゲームをする / 明日、テストだ

たんご

図書館 도서관	忙しい 바쁘다	ちょっと 조금/잠깐	海 바다	泳ぐ 수영하다
天気 날씨	悪い 나쁘다	お酒 술	飲む 마시다	仕事 일
多い 많다	宿題 숙제	大変だ 힘들다	歌 노래	歌う 노래 부르다
下手だ 잘 못하다	ゲーム 게임	明日 내일	テスト 시험	

03 다음 예와 같이 말해 보세요.

예 プール / 泳ぐ

A 昨日、どこへ行きましたか。
B プールへ行きました。
A 何をしに行きましたか。
B 泳ぎに行きました。

❶ 友だちのうち / 勉強をする

❷ 学校 / 先生に会う

❸ ジム / 運動

❹ デパート / 買い物

❺ 公園 / 散歩

プール 풀장　　うち 집　　学校 학교　　ジム 헬스클럽　　運動 운동
買い物 쇼핑　　公園 공원　　散歩 산책

13 一緒に買い物に行きませんか

# 聞いてみよう　　들어보자

01 다음을 듣고 해당하는 번호를 각각 고르세요.

예	①	②	③	④	⑤
B / 6	/	/	/	/	/

読んでみよう ④

🎵 Track 51

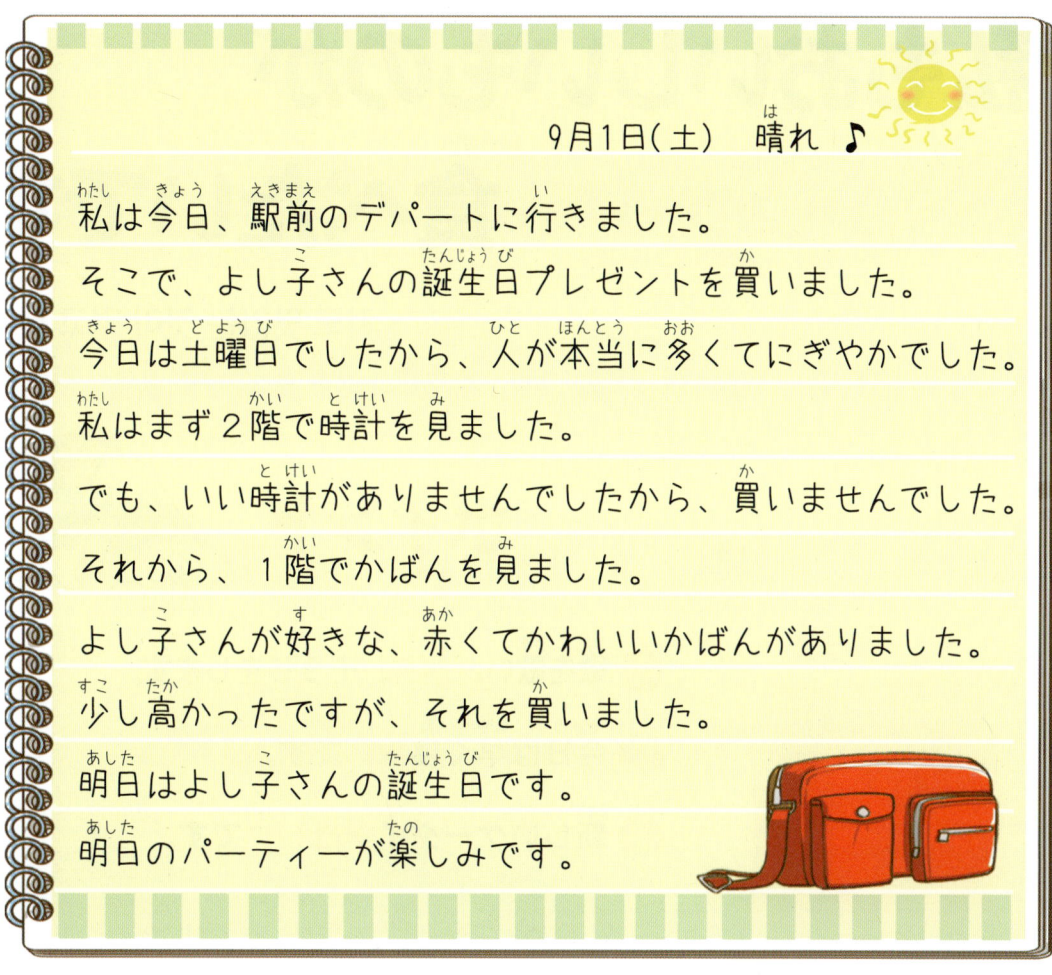

9月1日(土)　晴れ ♪

私は今日、駅前のデパートに行きました。
そこで、よし子さんの誕生日プレゼントを買いました。
今日は土曜日でしたから、人が本当に多くてにぎやかでした。
私はまず２階で時計を見ました。
でも、いい時計がありませんでしたから、買いませんでした。
それから、１階でかばんを見ました。
よし子さんが好きな、赤くてかわいいかばんがありました。
少し高かったですが、それを買いました。
明日はよし子さんの誕生日です。
明日のパーティーが楽しみです。

★ 위의 내용과 맞으면 O표, 틀리면 X표를 하세요.

❶ よし子さんのプレゼントに赤いかばんを買いました。(　　)
❷ プレゼントはあまり高くありませんでした。(　　)
❸ よし子さんの誕生日は9月1日です。(　　)

| 晴れ 맑음 | 駅前 역 앞 | そこで 거기에서 | 本当に 정말로 | にぎやかだ 번화하다 |
| まず 우선/먼저 | それから 그리고 나서 | 赤い 빨갛다 | 楽しみだ 기대되다 | |

私もおいしいものが食べたいです。

저도 맛있는 것이 먹고 싶습니다.

ポイント

1. 歌を歌いながら、そうじをします。
2. 今日は早く寝たいです。
3. 新しいケータイがほしいです。

晩ごはん 저녁밥	おしゃべりをする 수다를 떨다	
おいしいもの 맛있는 것	じゃあ 그러면	店 가게
ある 있다	本当に 정말로	最近 최근/요즘
休み 휴일/휴가	〜がほしい 〜을/를 갖고 싶다(원한다)	

キム: 昨日は何をしましたか。

山田: 友だちと晩ごはんを食べながら、おしゃべりをしました。とても楽しかったですよ。

キム: いいですね。私もおいしいものが食べたいです。

山田: じゃあ、今日一緒に行きませんか。いい店がありますから。

キム: 本当に行きたいですが、今日も仕事が多くて…。

山田: 今日は土曜日ですよ。今日も会社に行きますか。

キム: はい、最近とても忙しくて、土曜日も仕事をします。私も休みがほしいです。

覚えよう　　　　　　　　　　　　　　　　　　　　　　오우어보자

01　ます형 + ながら　　　　　　　　　　　　　　　　　-하면서

歌を歌いながら、そうじをします。　　　　　　노래를 부르면서 청소를 합니다.
本を見ながら、レポートを書きます。　　　　　책을 보면서 리포트를 씁니다.
ごはんを食べながら、家族と話します。　　　　밥을 먹으면서 가족과 이야기를 합니다.

02　～が(を) ます형 + たい　　　　　　　　　　　　-을/를 -하고 싶다

日本で買い物が(を)したいです。　　　　　　　　일본에서 쇼핑을 하고 싶습니다.
今日は早く寝たいです。　　　　　　　　　　　　오늘은 일찍 자고 싶습니다.
土曜日には会社に行きたくありません。　　　　토요일에는 회사에 가고 싶지 않습니다.

03　～がほしい　　　　　　　　　　　　　　　　-을/를 갖고 싶다(원하다)

新しいケータイがほしいです。　　　　　　　　　새 휴대폰을 갖고 싶습니다.
恋人がほしいです。　　　　　　　　　　　　　　애인을 갖고 싶습니다.
猫は嫌いだから、ほしくありません。　　　　　고양이는 싫어하기 때문에 갖고 싶지 않습니다.

そうじ 청소	レポート 리포트	家族 가족	話す 말하다	買い物 쇼핑
今日 오늘	新しい 새롭다	猫 고양이	嫌いだ 싫어하다	音楽 음악
聞く 듣다	お菓子 과자	歩く 걷다	かける 걸다	地下鉄 지하철
待つ 기다리다	単語 단어	覚える 외우다	散歩 산책	写真 사진
撮る 찍다				

話してみよう

Track 53

01 다음 예와 같이 말해 보세요.

例	お酒を飲む / 友だちと話す
	A お酒を飲みながら、何をしますか。
	B お酒を飲みながら、友だちと話します。

❶ 音楽を聞く / 歌を歌う

❷ お菓子を食べる / テレビを見る

❸ 歩く / 電話をかける

❹ 地下鉄を待つ / 単語を覚える

❺ 散歩をする / 写真を撮る

話してみよう

02 다음 예와 같이 말해 보세요.

예 お酒を飲む / 何を飲む / 冷たいビール
A 今、何が(を)したいですか。
B お酒が(を)飲みたいです。
A 何が(を)飲みたいですか。
B 冷たいビールが(を)飲みたいです。

❶ 買い物をする / 何を買う / パソコン

❷ 料理を習う / どんな料理を習う / 日本料理

❸ 泳ぐ / どこで泳ぐ / 海

❹ 映画を見る / 誰と見る / 恋人

❺ 旅行に行く / いつ行く / 来月

冷たい 차갑다 　ビール 맥주 　パソコン 컴퓨터 　料理 요리 　習う 배우다 　どんな 어떤
泳ぐ 수영하다 　誰 누구 　旅行に行く 여행을 가다 　いつ 언제 　来月 다음 달

03 다음 예와 같이 말해 보세요.

예 新しい車 / 今の車が古い
A 今、何がほしいですか。
B 新しい車がほしいです。
A どうしてですか。
B 今の車が古いからです。

❶ 犬 / 犬はかわいい

❷ 休み / 仕事が大変だ

❸ ケータイ / 今のケータイが不便だ

❹ お金 / 留学する

❺ 日本人の友だち / 日本語で話したい

| 車 차 | 今 지금 | 古い 낡다 | どうして 어째서/왜 | 犬 개 | かわいい 귀엽다 |
| 休み 휴일/휴가 | 大変だ 힘들다 | 不便だ 불편하다 | お金 돈 | 留学する 유학가다 | |

聞いてみよう 들어보자

Track 54

01 다음을 듣고 맞는 것에 O표를 하세요.

	ⓐ	ⓑ
예	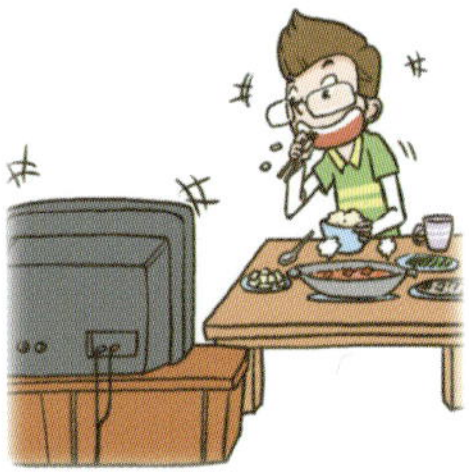	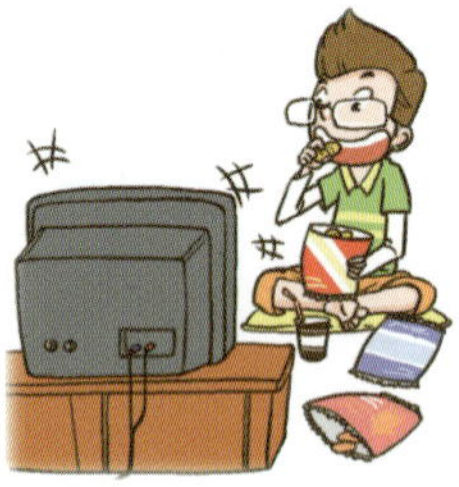 O
①	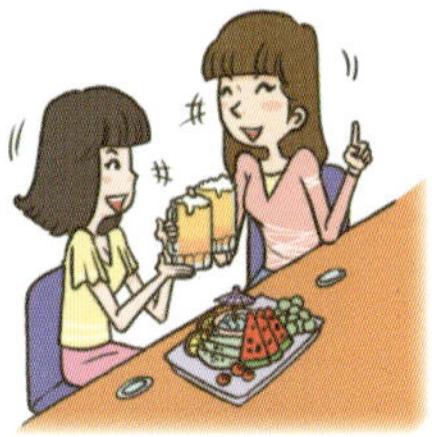	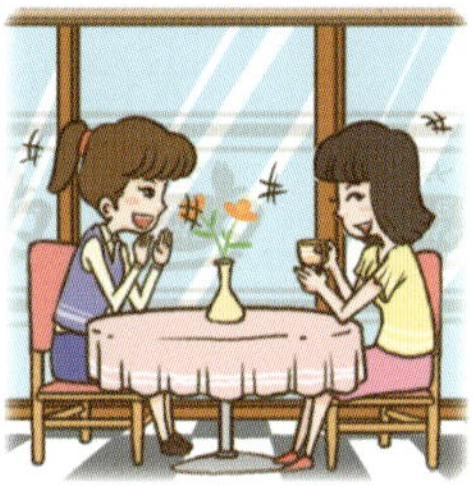
②	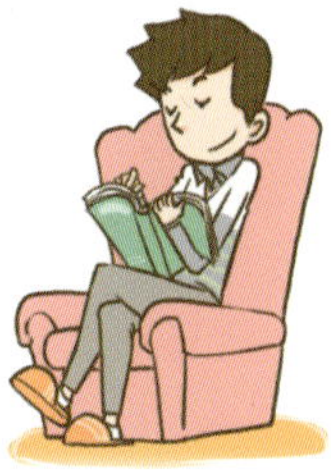	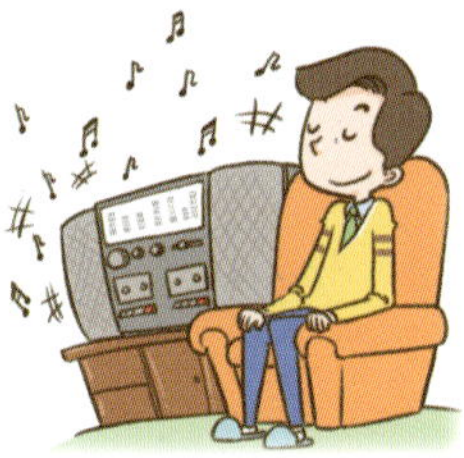
③	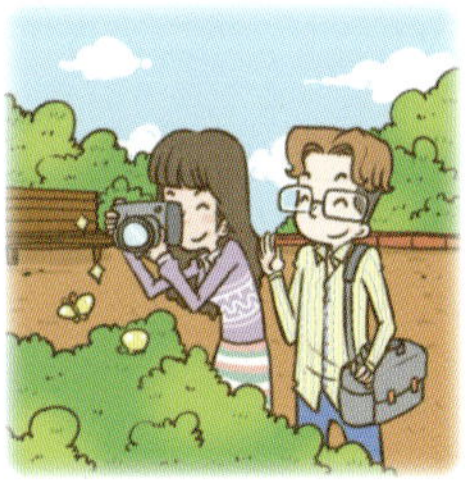	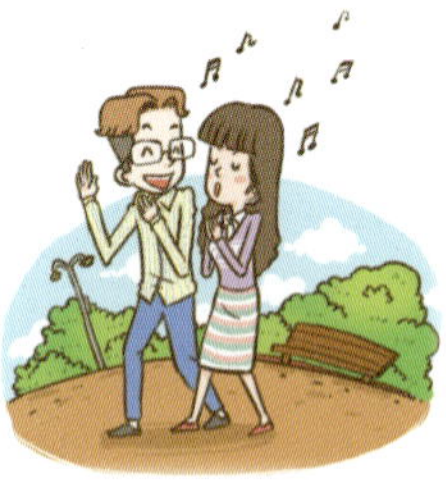
④	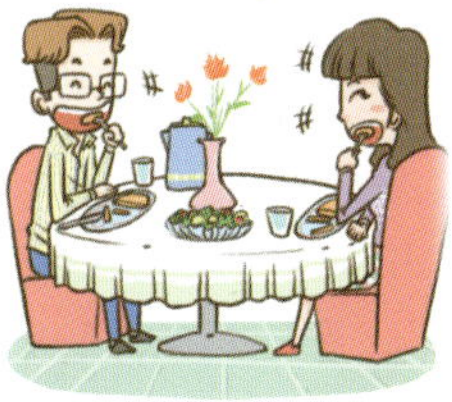	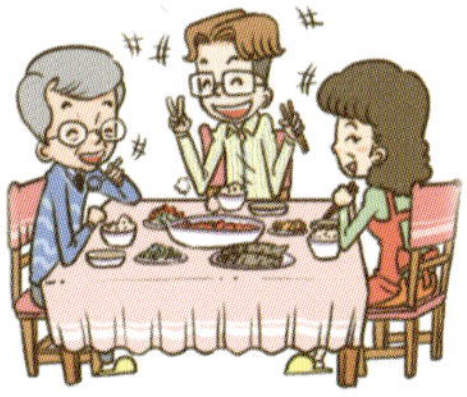

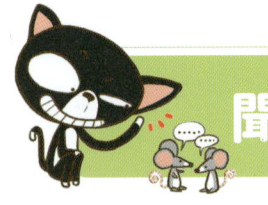

결혼식 매너

Q 퀴즈 : 일본의 결혼식 예절에서 맞는 것은 어느 것일까요?

① 결혼식에는 초대장(청첩장)이 없어도 누구라도 참석할 수 있다.

② 결혼식에 초대 받은 사람은 보통 축의금을 가지고 간다.

③ 피로연에서는 정해진 자리에 앉지 않으면 안 된다.

④ 결혼 축하 선물로 식기 등을 선물할 때는 일반적인 가족인원을 생각해서 4개 세트로 선물하는 것이 좋다.

 일본의 결혼식에는 초대장 없이는 참석할 수 없다.
일본의 초대장(청첩장)에는 참석여부를 알리는 답장용 엽서가 함께 보내지기 때문에 초대장을 받으면 바로 참석여부를 알리는 것이 좋다. 신랑신부는 참석자의 숫자에 맞춰서 요리, 답례품을 준비하기 때문에 참석 여부를 알리지 않으면 참석할 수 없으니 유념하자.

 한국과 마찬가지로 일본에도 축의금 문화가 있다.
친구나 동료라면 2~3만엔정도가 기준. 옛날에는 짝수는 나누어지는 숫자이기 때문에 좋지 않다고 생각했지만, 최근에는 [2]=[부부], [한 쌍]이라고 생각해 2만엔을 포함시켜도 이상하지 않게 되었다고 한다.

 피로연에서는 미리 좌석표에서 자신의 자리를 확인하고 앉도록 한다.
결혼식에서는 앞자리부터 가족, 친척, 친구와 아는 사람순으로 앉지만, 피로연에서는 그 반대이다. 피로연은 말 그대로 [알리는 것]이기 때문에 친구와 아는 사람이 제일 앞에 앉는다. 일본의 피로연은 코스요리를 먹으면서 2-3시간 정도 하게 된다.

 [4]는 [死(죽음)]을 연상하기 때문에 선물로는 적당하지 않다.
결혼 축하 선물에는 몇 가지 금기사항이 있다. 결혼 선물은 기본적으로 나눌 수 없는 [홀수]가 좋고, [4]는 [死(죽음)], [9]는 [苦(고통)]을 연상시키기 때문에 피하는 것이 좋다. 또 [칼]이나 [가위]등도 [인연을 끊는다]라는 것을 연상시키기 때문에 금기시 하고 있다.

3つ目の駅で降りてください。

3번째 역에서 내리세요.

ポイント

1. て형 익히기
2. 日本語で話してください。
3. 図書館でレポートを書いています。

もしもし 여보세요	休む 쉬다		
今週 이번 주	時間 시간		
誕生日パーティー 생일 파티	どうやって 어떻게	大学 대학	
そば 옆	～号線 ～호선	～目 ～째	駅 역
降りる 내리다	わかる 알다	楽しみです 기대됩니다	

山田: もしもし、キムさん、今何をしていますか。

キム: うちで休んでいますよ。

山田: 今週の土曜日、時間がありますか。

キム: はい、暇ですよ。どうしてですか。

山田: 土曜日の3時から、私のうちで誕生日パーティーをします。キムさんも遊びに来てください。

キム: ありがとうございます。山田さんのうちにはどうやって行きますか。

山田: 大学のそばにあります。2号線の地下鉄に乗って、3つ目の駅で降りてください。

キム: はい、わかりました。楽しみですね。

覚えよう

01 て형　　　　　　　　　　　　　　　　　　　　　　-하고, -해서

		기본형	て형
1그룹동사	く → いて	書く	書いて
	ぐ → いで	急ぐ	急いで
	す → して	貸す	貸して
	う、つ、る → って	買う	買って
		待つ	待って
		取る	取って
	ぬ、ぶ、む → んで	死ぬ	死んで
		読む	読んで
		遊ぶ	遊んで
	예외	行く	行って
2그룹동사	る + て	見る	見て
		食べる	食べて
3그룹동사		来る	来て
		する	して

02 〜てください　　　　　　　　　　　　　　　　　　　　　　　　-해 주세요/-하세요

今日はゆっくり休んでください。　　　　　　　　　　오늘은 푹 쉬세요.

本を見せてください。　　　　　　　　　　　　　　　책을 보여주세요.

明日、電話してください。　　　　　　　　　　　　　내일 전화해 주세요.

03 〜ている　　　　　　　　　　　　　　　　　　　　　　　　　-하고 있다(진행)

今、運動をしています。　　　　　　　　　　　　　　지금, 운동을 하고 있습니다.

田中さんは友だちと遊んでいます。　　　　　　　　　다나까 씨는 친구와 놀고 있습니다.

図書館でレポートを書いています。　　　　　　　　　도서관에서 리포트를 쓰고 있습니다.

急ぐ 서두르다　　貸す 빌려주다　　取る 집다　　ゆっくり 천천히/푹　　休む 쉬다
見せる 보여주다

15　3つ目の駅で降りてください

話してみよう

01 다음 예 와 같이 말해 보세요.

예 明日、6時に起きる

A 明日、6時に起きてください。
B はい、わかりました。

❶ 漢字で書く

❷ 早く帰る

❸ 日本語で話す

❹ 単語を覚える

❺ 毎日運動する

明日 내일	起きる 일어나다	わかる 알다	単語 단어	覚える 외우다
毎日 매일	運動する 운동하다	パーティー 파티	写真 사진	撮る 찍다
踊る 춤추다	ピアノ 피아노	弾く 연주하다/치다	ケーキ 케이크	作る 만들다

02 다음 ◉와 같이 말해 보세요.

🎵 Track 56

パーティー

歌を歌う	写真を撮る	お酒を飲む	踊る	友だちと話す
電話をかける	ピアノを弾く	ケーキを食べる	料理を作る	

◉ A 田中さんは何をしていますか。
　B ケーキを食べています。

❶ 佐藤さん　　❷ キムさん　　❸ 山田さん　　❹ 中村さん

❺ パクさん　　❻ チェさん　　❼ イさん　　❽ アンさん

15　3つ目の駅で降りてください　145

聞いてみよう 들어보자

Track 57

01 다음을 듣고 해당하는 번호를 고르세요.

예	❶	❷	❸	❹	❺	❻
アンさん	パクさん	佐藤さん	山田さん	鈴木さん	チェさん	イさん
d						

公園(こうえん)

방문 예절

Q 퀴즈 : 일본의 방문 예절에서 맞는 것은 어느 것일까요?

❶ 늦지 않도록 약속 시간보다 일찍 간다.

❷ 집 안에 들어갈 때 나가는 방향으로 서서 구두를 벗고 뒤로 들어간다.

❸ 선물을 전달할 때는 현관이 아닌 방에 들어가서 전달한다.

❹ 방석에 앉아서 인사를 한다.

 초대하는 쪽은 준비하느라 바쁘기 때문에 일찍 가는 것은 실례. 초대 시간 정각에 맞추거나, 몇 분 늦게 가는 것이 예의♡♡ 하지만 10분 이상 늦을 때는 반드시 연락하는 것도 잊지 않기♡

 집안에 들어 갈 때 뒤로 돌아서는 것은 실례.
바로 서서 신을 벗고, 그 뒤에 완전히 등을 돌리지 않도록 주의하면서 쪼그리고 앉아서 신발의 방향을 바꾼다. 방해가 되지 않도록 구석에 놓는 센스♡♡

 선물은 먹을 것이나 마실 것 등이 좋다. 전달할 때는 현관이 아닌, 방에 들어가서 건네는 것이 예의♡♡ 그러나 큰 물건이나, 바로 냉장고에 넣어야 하는 것일 때는 예외.
종이 봉투에 들어 있을 때는 봉투에서 꺼내서 상대방 쪽에 정면이 가도록 전달하는 것이 바른 예절.

일본식 방에서는 우선 방석 옆의 다다미 위에 앉아서 인사를 하고, 그 후에 방석에 앉도록♡♡
서서 인사를 하는 것은 실례♡♡♡ 또 방석 위에 서거나, 맘대로 방석 위치를 바꾸는 것도 실례♡♡♡
문지방이나 다다미 가장자리나 이음선 등을 밟는 것도 실례이므로 주의하자.

16

写真を見てもいいですか。

사진을 봐도 됩니까?

ポイント

1. 授業中に寝**てしまいました**。
2. このいすを借り**てもいいですか**。
3. 店の前に車を止め**てはいけません**。
4. バスに乗っ**て**、会社へ行き**ます**。

高校 고등학교	とき 때	笑う 웃다
全然 전혀	違う 다르다	本当に 정말로　～より ～보다
太る 살찌다	どうやって 어떻게 해서	やせる 마르다/살을 빼다
毎日 매일	ジム 헬스클럽	～に通う ～에 다니다　頑張る 열심히 하다

山田: キムさん、これは何ですか。

キム: 高校のときの写真です。

山田: 見てもいいですか。

キム: ええ、でも、笑ってはいけませんよ。
今とは全然違いますから。

山田: へえ、この人が本当にキムさんですか。

キム: そうですよ。
高校のときは今より10キロも太っていましたから。

山田: どうやってやせましたか。

キム: 毎日ジムに通って、運動をしました。

山田: そうですか。頑張りましたね。

覚えよう

01 ～てしまう　　　　　　　　　　　　　　　　　　　　-해 버리다/-하고 말다

傘をなくしてしまいました。　　　　　　　　　우산을 잃어버리고 말았습니다.

授業中に寝てしまいました。　　　　　　　　　수업 중에 자고 말았습니다.

レポートは全部書いてしまいました。　　　　　리포트는 전부 써 버렸습니다.

02 ～てもいいです　　　　　　　　　　　　　　　　　　　　-해도 됩니다

明日は休んでもいいです。　　　　　　　　　　내일은 쉬어도 됩니다.

このいすを借りてもいいですか。　　　　　　　이 의자를 빌려도 됩니까?

暑いから、エアコンをつけてもいいですか。　　더우니까, 에어컨을 켜도 됩니까?

03 ～てはいけません　　　　　　　　　　　　　　　　　　-해서는 안 됩니다

授業中におしゃべりをしてはいけません。　　　수업 중에 수다를 떨어서는 안 됩니다.

日本の地下鉄でケータイを使ってはいけません。
　　　　　　　　　　　　　　　　　　　　　일본 지하철에서 휴대폰을 사용해서는 안 됩니다.

熱があるから、お風呂に入ってはいけません。
　　　　　　　　　　　　　　　　　　　　　열이 있기 때문에 목욕을 해서는 안 됩니다.

04 ～て、～ます　　　　　　　　　　　　　　　　　　　　　　　　－하고(해서) －합니다

恋人に会って、映画を見ます。　　　　　애인을 만나서, 영화를 봅니다.

コーヒーを飲んで、勉強をします。　　　커피를 마시고, 공부를 합니다.

バスに乗って、会社へ行きます。　　　　버스를 타고, 회사에 갑니다.

傘 우산　　なくす 잃어버리다　　授業中 수업 중　　全部 전부　　休む 쉬다
いす 의자　　借りる 빌리다　　暑い 덥다　　エアコン 에어컨　　つける 켜다
おしゃべりをする 수다를 떨다　　使う 사용하다　　熱 열　　お風呂に入る 목욕을 하다

話してみよう

01 다음 예와 같이 말해 보세요.

예 約束を忘れる

A どうしたんですか。
B 約束を忘れてしまいました。

❶ 財布をなくす

❷ 会社に遅れる

❸ 5キロ太る

❹ お金をたくさん使う

❺ 友だちとけんかをする

約束 약속	忘れる 잊어버리다	どうしたんですか 무슨 일입니까?	財布 지갑
なくす 잃어버리다	～に遅れる ～에 늦다	太る 살찌다	お金 돈	たくさん 많이
使う 사용하다	けんか 싸움			

02 다음 예와 같이 말해 보세요.

예 ここで写真を撮る

A ここで写真を撮ってもいいですか。
B はい、撮ってもいいです。
　いいえ、撮ってはいけません。

❶ 明日、会社を休む

❷ ここに座る

❸ 友だちを連れてくる

❹ 店の前に車を止める

❺ 隣に荷物を置く

| 写真 사진 | 撮る 찍다 | 明日 내일 | 座る 앉다 | 連れてくる 데리고 오다 |
| 店 가게 | 止める 세우다 | 隣 옆 | 荷物 짐 | 置く 놓다/두다 |

03 다음 예와 같이 말해 보세요.

私の一日

예
A 朝7時に起きて、何をしますか。
B 顔を洗って、朝ごはんを食べます。

朝7時に起きる → 顔を洗う → 朝ごはんを食べる → 新聞を読む → 歯を磨く
→ 服を着る → うちを出る → 地下鉄に乗る → 学校へ行く → 勉強をする
→ 先生と話す → 昼ごはんを食べる → 友だちと遊ぶ → うちへ帰る → テレビを見る
→ 晩ごはんを食べる → シャワーを浴びる → 恋人に電話をかける → 夜12時に寝る

たんご

一日 하루　朝 아침　顔 얼굴　洗う 씻다　朝ごはん 아침밥　歯 이
磨く 닦다　服 옷　着る 입다　出る 나오다/나가다　昼ごはん 점심밥　晩ごはん 저녁밥
シャワーを浴びる 샤워를 하다

聞いてみよう

01 다음을 듣고 맞는 것에 O표를 하세요.

Track 60

	O	X
예		O
1	O	X
2	O	X
3	O	X
4	O	X
5	O	X
6	O	X

16 写真を見てもいいですか

読んでみよう ⑤

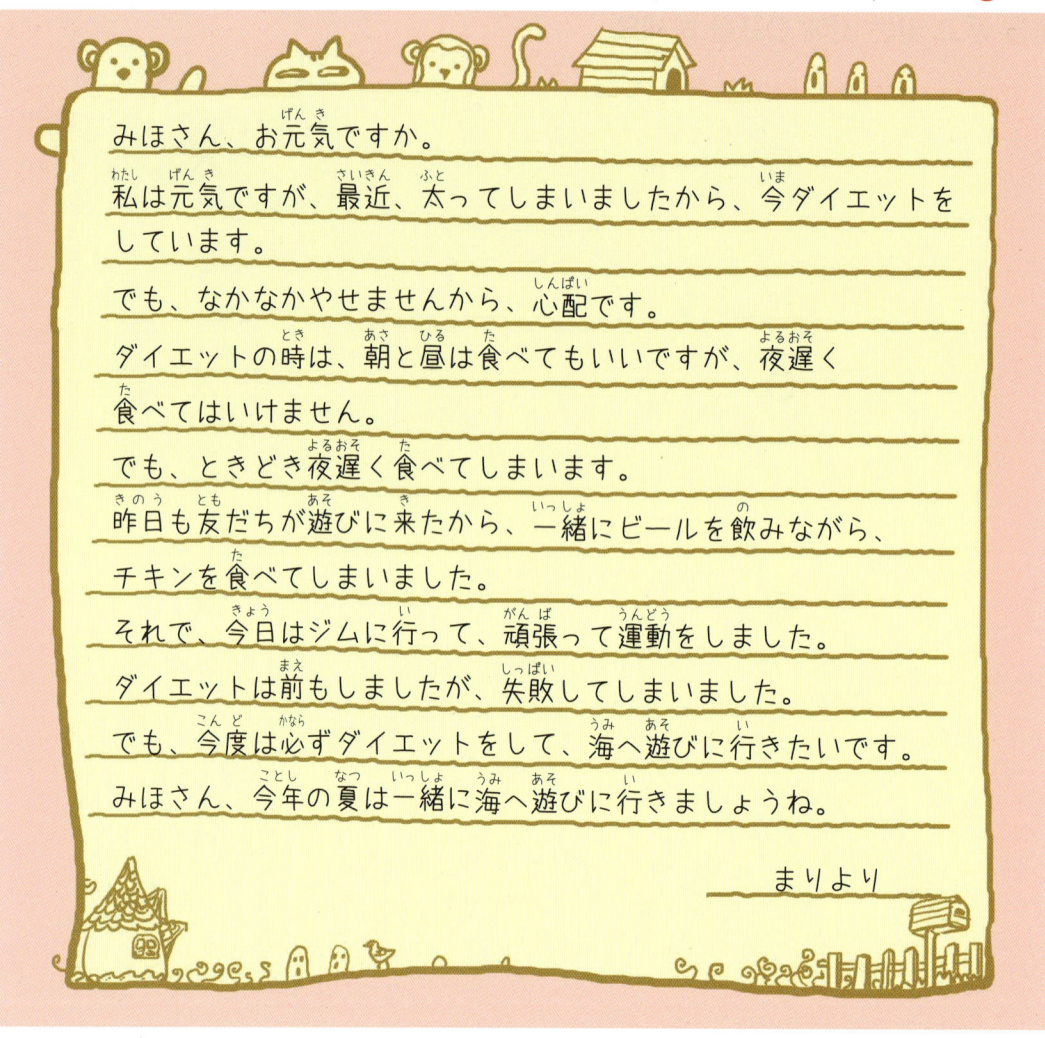

みほさん、お元気ですか。
私は元気ですが、最近、太ってしまいましたから、今ダイエットをしています。
でも、なかなかやせませんから、心配です。
ダイエットの時は、朝と昼は食べてもいいですが、夜遅く食べてはいけません。
でも、ときどき夜遅く食べてしまいます。
昨日も友だちが遊びに来たから、一緒にビールを飲みながら、チキンを食べてしまいました。
それで、今日はジムに行って、頑張って運動をしました。
ダイエットは前もしましたが、失敗してしまいました。
でも、今度は必ずダイエットをして、海へ遊びに行きたいです。
みほさん、今年の夏は一緒に海へ遊びに行きましょうね。

まりより

★ 위의 내용과 맞으면 O표, 틀리면 X표를 하세요.

❶ まりさんは今年の夏、海へ行きたくて、今ダイエットをしています。（　）
❷ まりさんは今日、友だちとビールを飲みながら、チキンを食べました。（　）
❸ まりさんは前ダイエットをしてやせました。（　）

最近 최근	太る 살찌다	ダイエット 다이어트	なかなか 좀처럼
やせる 살빼다/마르다	心配だ 걱정이다	昼 낮	ときどき 때때로	それで 그래서
前 전	頑張る 열심히 하다	失敗する 실패하다	今度 이번	必ず 반드시	今年 올해

신사에서

Q 퀴즈 : 일본의 신사에 있는 물건의 이름이나, 예절에 맞는 것은 어느 것일까요?

① 멋진 애인을 만들고 싶어하는 친구에게 주는 부적(お守り)은 (A)이다.

(A) 家内安全   (B) 学業成就

(C) 金運御守    (D) 良縁御守

② 이것은 원하는 것 등을 써서 신사에 보관하는 물건이다.

③ 신사의 본전(신전) 앞에 오면, 賽銭箱에 돈을 넣은 후에 바로 손을 모아서 참배하는 것이 좋다.

④ 길, 흉을 점치는 제비의 결과가 나쁘면, 그 종이를 찢어버리면 좋다.

 답은 (D)
(A) 家内安全 – 가족 전원의 행복을 기원   (B) 学業成就 – 폭넓은 범위로 학업에서 목표하는 바를 이루기를 기원. 수험생에게는 [合格祈願]을 주면 좋다.
(C) 金運御守 – 금운이 많아지기를 기원   (D) 良縁御守 – 좋은 인연을 통해 연인이 생기기를 기원

 이것은 [에마(絵馬)]라고 한다. 신사나 절에서 기원을 할 때, 또는 기원한 일이 이루어져 사례로 드리는 물건으로 보통 앞에는 [말]이 그려져 있고, 뒤에는 쓰고 싶은 내용을 써서 보관한다.

 돈을 넣은 후에 바로 참배하는 것이 아니다. 신전 앞에 오면, 賽銭箱에 돈을 넣은 후에 종을 2~3번 울린 후, 2번 절을 하고, 양손을 가슴 높이로 해서 2번 박수를 친다. 그 뒤에 양손을 모으고 참배를 하고 마지막으로 한 번 더 절을 한다. 이때 종을 울리는 이유는 나쁜 것을 물리치는 의미, 박수는 신에 대한 경의를 표하는 의미가 있다. 하지만, 절에서는 박수를 쳐서는 안 된다는 것을 기억하자ㅎㅎㅎㅎㅎ

 경내에 있는 나무에 묶으면 된다. 제비에는 신으로부터의 가르침이나 힘이 간직되어 있다. 결과가 좋으면 가지고 돌아가도 되지만, 함부로 찢어서는 안 된다. 결과가 좋지 않을 때는 나쁜 운이 [길]로 바뀌도록 기원하고, 신과의 인연을 묶는다는 의미로 신사내의 나무에 묶으면 된다. 또 여러 번 뽑는 것도 신으로부터의 가르침을 무시하는 것이므로 금하고 있다.
*7단계의 경우: 대길(大吉)→중길(中吉)→소길(小吉)→길(吉)→말길(末吉)→흉(凶)→대흉(大凶)

北海道に行ったことがありますか。

홋카이도에 간 적이 있습니까?

ポイント

1. た형 익히기
2. 日本に行ったことがあります。
3. 宿題をする前に、単語を覚えます。
4. ごはんを食べた後で、薬を飲みます。

来週 다음 주　仕事で 일로/일 때문에
北海道 홋카이도(북해도)　まだ 아직
もの 것　たくさん 많이　ビール 맥주
カニ 게　帰る 돌아오다　お土産 선물　～がほしい ～을/를 원한다
チョコレート 초콜릿　頼む 부탁하다　わかる 알다
終わる 끝나다　　　　ところ 곳　買って来る 사오다

キム: 来週の月曜日から仕事で北海道に行きます。
　　　山田さんは北海道に行ったことがありますか。

山田: いいえ、まだ行ったことがありません。
　　　北海道はおいしいものがたくさんありますから、
　　　行きたいです。

キム: 北海道は何が有名ですか。

山田: 北海道はビールとカニが有名です。

キム: そうですか。じゃあ、韓国に帰る前に食べに行きます。
　　　お土産は何がほしいですか。

山田: 北海道はチョコレートがおいしいから、
　　　頼んでもいいですか。

キム: わかりました。
　　　仕事が終わった後で、有名なところで買って来ます。

覚えよう

01 ~た형(과거형)   -했다

		기본형	て형	た형
1그룹동사	く → いた	置く	置いて	置いた
	ぐ → いだ	泳ぐ	泳いで	泳いだ
	す → した	話す	話して	話した
	う、つ、る → った	買う	買って	買った
		待つ	待って	待った
		作る	作って	作った
	ぬ、ぶ、む → んだ	死ぬ	死んで	死んだ
		呼ぶ	呼んで	呼んだ
		休む	休んで	休んだ
	예외	行く	行って	行った
2그룹동사	る + た	着る	着て	着た
		見せる	見せて	見せた
3그룹동사		来る	来て	来た
		する	して	した

오워보자

02 ~たことがある   −한 적이 있다

スキーをしたことがあります。　　　　　　　　　　스키를 타 본 적이 있습니다.

着物を着たことがありますか。　　　　　　　　　　기모노를 입어 본 적이 있습니까?

フランス語を習ったことがありません。　　　　　　프랑스어를 배워 본 적이 없습니다.

03 기본형 + 前に   −하기 전에

寝る前に、彼女にメールを送ります。　　　　　　　자기 전에 여자 친구에게 메일을 보냅니다.

野菜を切る前に、よく洗います。　　　　　　　　　야채를 자르기 전에 잘 씻습니다.

宿題をする前に、単語を覚えます。　　　　　　　　숙제를 하기 전에 단어를 외웁니다.

04 ~た後で   −한 후에

ごはんを食べた後で、薬を飲みます。　　　　　　　밥을 먹은 후에 약을 먹습니다.

バスを降りた後で、電話をかけます。　　　　　　　버스에서 내린 후에 전화를 겁니다.

毎晩シャワーを浴びた後で、寝ます。　　　　　　　매일 밤 샤워를 한 후에 잡니다.

置く 놓다/두다	作る 만들다	呼ぶ 부르다	着る 입다	見せる 보여주다
着物 기모노	習う 배우다	送る 보내다	野菜 야채	切る 자르다
洗う 씻다	宿題 숙제	単語 단어	覚える 외우다	薬を飲む 약을 먹다
降りる 내리다	毎晩 매일 밤	シャワーを浴びる 샤워를 하다		

17 北海道に行ったことがありますか

話してみよう

01 다음 예 와 같이 말해 보세요.

> 예 **アルバイトをする / どこでする / レストラン**
> A アルバイトをしたことがありますか。
> B はい、(したことが)あります。
> A どこでしましたか。
> B レストランでしました。

❶ 外国に住む / どこに住む / イギリス

❷ 芸能人に会う / いつ会う / 先週

❸ 日本料理を作る / 何を作る / かつどん

❹ 海外旅行に行く / 誰と行く / 家族

❺ テレビに出る / どんな番組に出る / クイズ番組

外国 외국	～に住む ～에 살다	イギリス 영국	芸能人 연예인	先週 지난주
作る 만들다	海外旅行 해외 여행	誰 누구	家族 가족	出る 나오다/나가다
番組 방송 프로그램	クイズ番組 퀴즈 방송			

말해보자

🎵 Track 63

02 다음 예와 같이 말해 보세요.

예 ごはんを食べる / 手を洗う

A ごはんを食べる前に、何をしますか。
B ごはんを食べる前に、手を洗います。

❶ 寝る / 歯を磨く

❷ デートに行く / 化粧をする

❸ 部屋に入る / くつを脱ぐ

❹ 留学する / 日本語を習う

❺ うちに帰る / 宿題を出す

手 손　　洗う 씻다　　歯 이/이빨　　磨く 닦다　　デート 데이트　　化粧 화장
入る 들어가다　　くつ 구두　　脱ぐ 벗다　　留学する 유학가다　　出す 내다/제출하다

17 北海道に行ったことがありますか　163

話してみよう 말해보자

03 다음 예와 같이 말해 보세요.

예 コーヒーを飲む / 勉強をする
A コーヒーを飲んだ後で、何をしますか。
B コーヒーを飲んだ後で、勉強をします。

❶ 運動をする / シャワーを浴びる

❷ うちに帰る / 単語を覚える

❸ レポートを書く / メールで送る

❹ 授業が終わる / 質問をする

❺ 会社を辞める / 大学院に入る

| 運動 운동 | シャワーを浴びる 샤워를 하다 | 単語 단어 | 覚える 외우다 | 送る 보내다 |
| 授業 수업 | 終わる 끝나다 | 質問 질문 | 辞める 그만두다 | 大学院 대학원 | 入る 들어가다 |

聞いてみよう 들어보자

Track 64

01 다음을 듣고 맞는 것에 O표를 하세요.

예

ⓐ 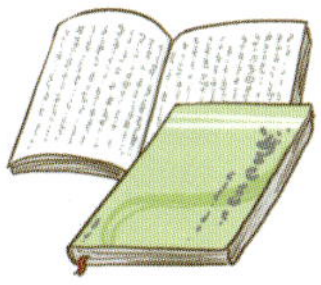 ( )

ⓑ 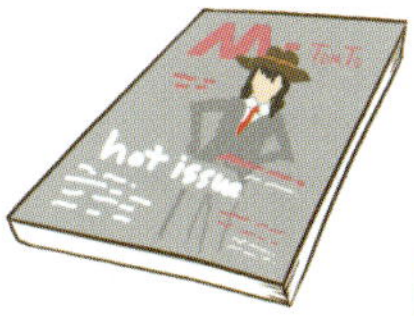

(O)

ⓒ 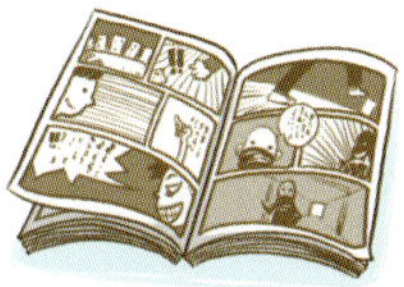 ( )

1

ⓐ 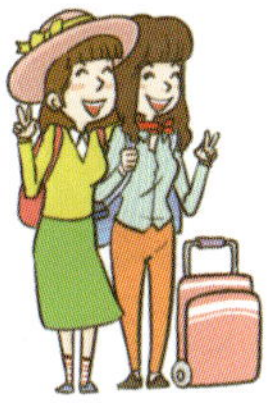 ( )

ⓑ 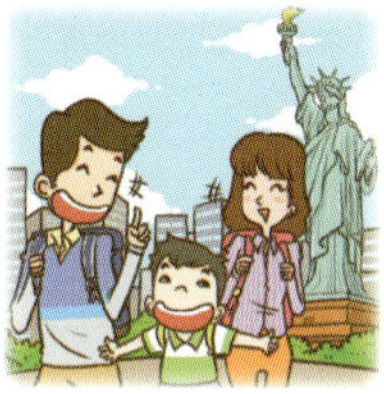 ( )

ⓒ 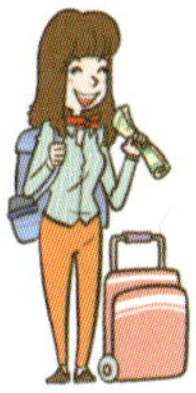 ( )

2

ⓐ 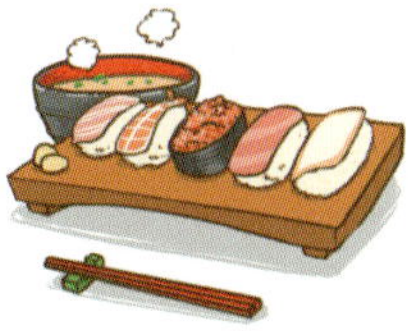 ( )

ⓑ 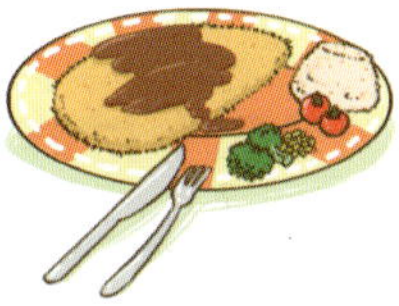 ( )

ⓒ 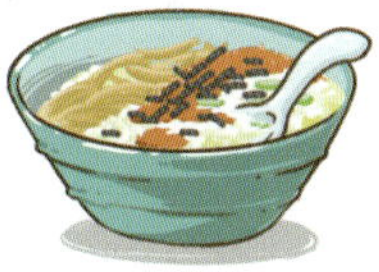 ( )

3

ⓐ 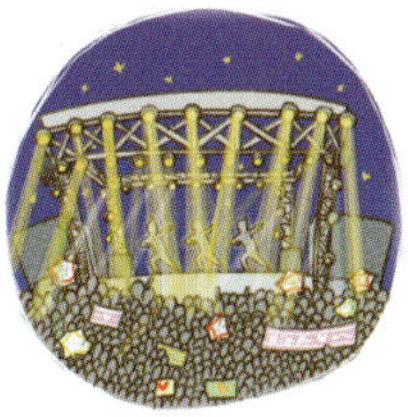 ( )

ⓑ 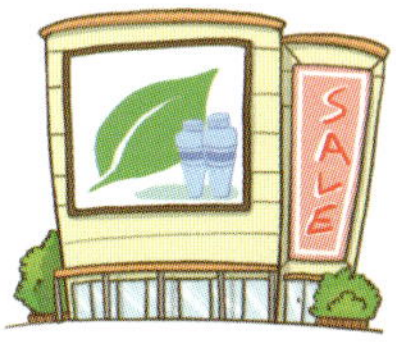

( )

ⓒ 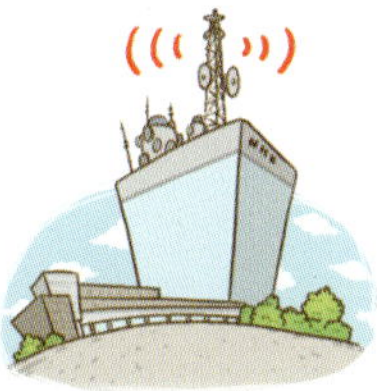 ( )

4

ⓐ 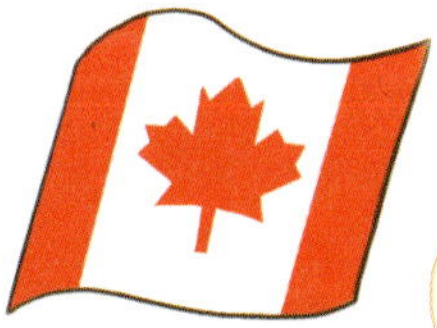 ( )

ⓑ 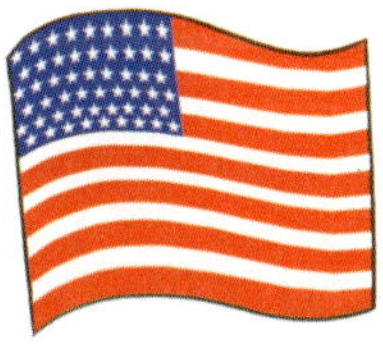 ( )

ⓒ 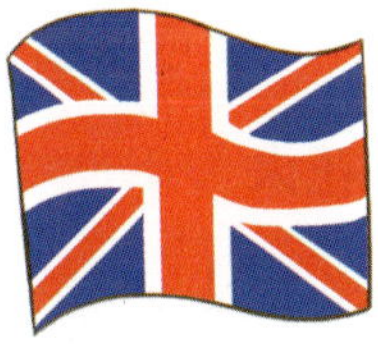 ( )

17

18

花火を見たり、まつりに行ったりしました。
불꽃놀이를 보거나 축제에 가거나 했습니다.

ポイント

① 眠い時はコーヒーを飲ん**だり**、顔を洗っ**たりします**。

② テストは昨日終わっ**たばかりです**。

③ 日本語で話す**ことができます**。

先週末 지난 주말　　**久しぶりに** 오랜만에
楽しい 즐겁다　　**うらやましい** 부럽다
夏 여름　　**花火** 불꽃놀이　　**ゆかた** 유카타(여름에 입는 전통옷)
着る 입다　　**まつり** 축제(마쯔리)　　**ゆっくり休む** 푹 쉬다
ずっと 계속/쭉　　**いる** 있다　　**大変だ** 힘들다　　**終わる** 끝나다　　**ごろごろする** 빈둥빈둥거리다

キム: 山田さん、先週末は何をしましたか。

山田: 久しぶりに日本に帰りました。とても楽しかったです。

キム: うらやましいですね。日本に行って何をしましたか。

山田: 夏ですから、花火を見たり、ゆかたを着てまつりに行ったりしました。キムさんはどうでしたか。

キム: 先週末は久しぶりにゆっくり休むことができました。

山田: ずっと、うちにいましたか。

キム: はい、大変な仕事が終わったばかりですから、うちでごろごろしたり、テレビを見たりしました。

覚えよう

01 ～たり～たりする　　　　　　　　　　　　　　　　　　　　－하거나 －하거나 한다

週末は友だちとごはんを食べたり、買い物をしたりします。
　　　　　　　　　　　　　　　　주말은 친구와 밥을 먹거나, 쇼핑을 하거나 합니다.

眠い時はコーヒーを飲んだり、顔を洗ったりします。
　　　　　　　　　　　　　　　　졸릴 때는 커피를 마시거나, 세수를 하거나 합니다.

夏休みは旅行に行ったり、プールで泳いだりしました。
　　　　　　　　　　　　　　　여름휴가는 여행을 가거나, 풀장에서 수영하거나 했습니다.

02 ～たばかりだ　　　　　　　　　　　　　　　　　　　막 －했다 / －한 지 얼마 안됐다

テストは昨日終わったばかりです。　　　시험은 어제 막 끝났습니다.

このパソコンは先週買ったばかりです。　이 컴퓨터는 지난주에 막 샀습니다.

鈴木さんは韓国に来たばかりですから、韓国語が上手じゃありません。
　　　　　　　　　스즈끼 씨는 한국에 온 지 얼마 안됐기 때문에 한국어를 잘 못합니다.

03 기본형 + ことができる 　　　　　　　　　　　　　　　　　　　　　　-할 수 있다

日本語で話すことができます。　　　　　　　　일본어로 말할 수 있습니다.

車を運転することができますか。　　　　　　　차를 운전할 수 있습니까?

英語を教えることができません。　　　　　　　영어를 가르칠 수 없습니다.

| 週末 주말 | 眠い 졸리다 | 時 때 | 顔 얼굴 | 洗う 씻다 |
| 夏休み 여름휴가 | 終わる 끝나다 | 運転する 운전하다 | 英語 영어 | 教える 가르치다 |

話してみよう

01 다음 예 와 같이 말해 보세요.

예 恋人と映画を見る / 買い物をする
A 週末は何をしますか。
B 恋人と映画を見たり、買い物をしたりします。

❶ 友だちとおしゃべりをする / 雑誌を読む
A 暇な時は何をしますか。
B

❷ 日記を書く / 友だちにメールを送る
A 夜は何をしますか。
B

❸ 昼寝をする / 料理を作る
A 休みの日は何をしますか。
B

❹ 犬と遊ぶ / 友だちに会う
A 昨日は何をしましたか。
B

❺ ジムに行く / 山に登る
A 夏休みに何をしましたか。
B

おしゃべりをする 수다를 떨다　雑誌 잡지　読む 읽다　暇だ 한가하다　日記 일기
送る 보내다　夜 밤　昼寝をする 낮잠을 자다　休みの日 쉬는 날　山 산　〜に登る 〜에 오르다

02 다음 예와 같이 말해 보세요.

예 そうじをする / さっき、そうじをする / 部屋がきれいだ

A いつ、そうじをしましたか。
B さっき、そうじをしたばかりですから、部屋がきれいです。

❶ 日本語を始める / 先月、始める / まだ下手だ

❷ 昼ごはんを食べる / さっき、食べる / おなかがいっぱいだ

❸ この車を買う / 去年、買う / まだ新しい

❹ 会社に入る / 3ヵ月前に入る / 毎日忙しい

❺ 韓国に来る / 半年前に来る / まだ韓国語が難しい

そうじ 청소	さっき 조금 전/아까	部屋 방	始める 시작하다	先月 지난 달
おなかがいっぱいだ 배가 부르다	去年 작년	~ヵ月 ~개월	毎日 매일	半年 반년

話してみよう

03 다음 예 와 같이 말해 보세요.

예 漢字を読む

A 漢字を読むことができますか。
B はい、(読むことが)できます。
　いいえ、(読むことが)できません。

❶ 自転車に乗る

❷ ピアノを弾く

❸ 毎朝5時に起きる

❹ 英語を教える

❺ 車を運転する

漢字 한자　自転車 자전거　弾く (악기를) 연주하다　毎朝 매일 아침　教える 가르치다　運転する 운전하다

聞いてみよう

01 다음을 듣고 할 수 있는 것에 O표를 하세요.

Track 67

	田中	パク
예	O	O
❶		
❷		
❸		

18 花火を見たり、まつりに行ったりしました

パソコンは使わないでください。

컴퓨터는 사용하지 마세요.

ポイント

1. **ない形** 익히기
2. 店の前にごみを捨て**ないでください**。
3. **형용사의 부사형** 익히기

作文 작문	テーマ 테마	
生活 생활	短い 짧다	だめだ 안 된다
いろいろだ 여러 가지이다	単語 단어	
使う 사용하다	長く 길게	字 글씨	汚い 더럽다/잘 못하다
ペン 펜	辞書 사전	ゆっくり 천천히	きれいに 깨끗하게/깔끔하게

先生: 今日は韓国語で作文を書きましょう。
テーマは「韓国での生活」です。

山田: 短い作文はだめですか。

先生: はい、いろいろな単語を使って、長く書いてください。

山田: 字が汚いですから、パソコンを使ってもいいですか。

先生: いいえ、パソコンは使わないでください。
ペンで書いてください。

山田: 辞書を見てもいいですか。

先生: はい、辞書は見てもいいです。
ゆっくり書いてもいいですから、きれいに書いてください。

覚えよう

01 ～ない형(부정형)   －하지 않는다

		기본형	ない형
1그룹동사	어미 あ단 + ない (예외 う ➡ わ)	行く	行かない
		急ぐ	急がない
		なくす	なくさない
		待つ	待たない
		死ぬ	死なない
		呼ぶ	呼ばない
		飲む	飲まない
		座る	座らない
	예외	使う	使わない
	***	ある	ない
2그룹동사	る + ない	借りる	借りない
		捨てる	捨てない
		忘れる	忘れない
3그룹동사		来る	来ない
		する	しない

02 ~ないでください
−하지 마세요

教室の中で、タバコを吸わないでください。 　교실 안에서 담배를 피우지 마세요.

店の前にごみを捨てないでください。 　가게 앞에 쓰레기를 버리지 마세요.

風邪だから、無理をしないでください。 　감기니까, 무리를 하지 마세요.

03 형용사의 부사형
−하게

> い형용사 : 어간 (い) + く
> な형용사 : 어간 (だ) + に

毎日、早く起きます。 　매일 일찍 일어납니다.

見えないから、大きく書いてください。 　안 보이니까, 크게 써 주세요.

図書館では静かにしてください。 　도서관에서는 조용히 해 주세요.

部屋をきれいにそうじしました。 　방을 깨끗하게 청소했습니다.

急ぐ 서두르다　　なくす 잃어버리다　　呼ぶ 부르다　　座る 앉다　　ある (사물이) 있다

借りる 빌리다　　捨てる 버리다　　忘れる 잊어버리다　　教室 교실　　タバコ 담배

吸う (담배를) 피우다　　ごみ 쓰레기　　風邪 감기　　無理 무리　　見える 보이다

静かだ 조용하다

19 パソコンは使わないでください

話してみよう

01 다음 예 와 같이 말해 보세요.

예 毎日、テレビ、見る
A 毎日、テレビ、見る？
B うん、見る。
ううん、見ない。

예문해석
A 매일 텔레비전을 보니?
B 응, 봐.
아니, 안 봐.

❶

コーヒー、飲む

❷

今日、友だちに会う

❸

明日、学校へ来る

❹

週末、約束、ある

❺

よく、辛い物、食べる

約束 약속	ある 있다	辛い物 매운 것	寒い 춥다	窓 창문	開ける 열다
わかる 알다	危ない 위험하다	嫌いだ 싫어하다	連れてくる 데리고 오다		ごみ 쓰레기
捨てる 버리다	電話に出る 전화를 받다		お風呂に入る 목욕하다		

02 다음 예와 같이 말해 보세요.

예
寒い / 窓を開ける
A 寒いから、窓を開けないでください。
B はい、わかりました。

❶ 危ない / ここで遊ぶ

❷ 犬が嫌いだ / 犬を連れてくる

❸ 店の前だ / ごみを捨てる

❹ 授業中だ / 電話に出る

❺ 熱がある / お風呂に入る

話してみよう

03 다음 예와 같이 말해 보세요.

> 예 **大きい / 作る**
> A 大きく作ってください。
> B はい、わかりました。大きく作ります。

❶ 短い / 切る

❷ 早い / 学校へ来る

❸ きれいだ / 洗う

❹ 簡単だ / 話す

❺ 真面目だ / 勉強をする

短い 짧다　　切る 자르다　　早い 빠르다　　洗う 씻다　　簡単だ 간단하다

聞いてみよう

01 다음을 듣고 해도 되는 것에 O표를 하세요.

ここは賑やかすぎて、住みにくいです。

여기는 지나치게 번화해서, 살기 불편합니다.

ポイント

1. このカメラは使いやすいです。
2. このくつは歩きにくいです。
3. この服は高すぎて、買うことができません。

次 다음	学期 학기	
引っ越す 이사하다	どうして 왜/어째서	今 지금
学校 학교	近い 가깝다	通う 다니다/통학하다
賑やかだ 번화하다	遅く 늦게	うるさい 시끄럽다	住む 살다/거주하다
困る 곤란하다	～より ～보다	静かだ 조용하다	探す 찾다

山田: 私、次の学期に入る前に引っ越したいです。

キム: え、どうしてですか。
今のうちは学校から近くて、通いやすくありませんか。

山田: はい。そうですが、ちょっと賑やかすぎて、
夜遅くまでうるさいですから。

キム: そうですね。それじゃ、住みにくいですね。
どんなうちに引っ越したいですか。

山田: 今のうちより静かで、安いうちがいいですね。

キム: じゃあ、一緒に探しましょう。

山田: ありがとうございます。

覚えよう 오워보자

01 동사 ます형 + やすい — 하기 쉽다/편하다
동사 ます형 + にくい — 하기 어렵다/불편하다

このカメラは使いやすいです。   이 카메라는 사용하기 편합니다.
この本は字が大きくて、読みやすいです。   이 책은 글자가 커서 읽기 편합니다.
このくつは歩きにくいです。   이 구두는 걷기 불편합니다.
この本は難しくて、わかりにくいです。   이 책은 어려워서, 이해하기 어렵습니다.

02 동　사 : ます형
い형용사 : 어간(い)　+　すぎる   지나치게/너무 －하다
な형용사 : 어간(だ)

お酒を飲みすぎました。   술을 지나치게 마셨습니다.
この服は高すぎて、買うことができません。 이 옷은 너무 비싸서, 살 수가 없습니다.
そのアルバイトは大変すぎて、いやです。 그 아르바이트는 지나치게 힘들어서 싫습니다.

使う 사용하다	字 글자	くつ 구두/신발	歩く 걷다	服 옷
いやだ 싫다	道 길	運転する 운전하다	話 말/이야기	わかる 알다/이해하다
町 마을	住む 살다			

話してみよう

Track 72

01 다음 예 와 같이 말해 보세요.

> 예 **この道 / 運転する**
> A この道は運転しやすいですか。
> B はい、運転しやすいです。
>   いいえ、運転しにくいです。

❶ 田中さんのパソコン / 使う

❷ このテレビ / 見る

❸ 山田さんのレポート / 読む

❹ 先生の話 / わかる

❺ この町 / 住む

20 ここは賑やかすぎて、住みにくいです 185

02 다음 예 와 같이 말해 보세요.

예 ゲームをする / 目が痛い

A どうしたんですか。
B ゲームをしすぎて、目が痛いです。

❶ ごはんを食べる / お腹が痛い

❷ 働く / とても疲れている

❸ この部屋は狭い / 生活しにくい

❹ 彼は真面目だ / 話しにくい

| ゲーム 게임 | 目 눈 | 痛い 아프다 | どうしたんですか 무슨 일입니까? | お腹 배 |
| 働く 일하다 | 疲れる 피곤하다 | 狭い 좁다 | 生活する 생활하다 | 彼 그 |

01 다음을 듣고 맞는 것에 O표를 하세요.

		O	X
예			O
❶		O	X
❷		O	X
❸		O	X
❹		O	X

20 ここは賑やかすぎて、住みにくいです

読んでみよう ⑥

東京スポーツジム

みなさん、最近運動していますか。
このスポーツジムでは、走ったり、泳いだり、踊ったり、いろいろな運動ができます。
音楽を聞いたり、テレビを見たりしながら楽しく運動することもできます。
運動する前にトレーナーと相談することもできます。
サウナができたばかりですから、運動した後で、サウナに入ることもできますよ。
さぁ、あなたも今日から一緒に運動しませんか。

※ 注意 ※
1. ジムの中では食べ物を食べないでください。
   飲み物は飲んでもいいです。
2. ペットは連れてこないでください。
3. ジムの中でタバコを吸ってはいけません。
   タバコは外に出て吸ってください。
4. 毎週水曜日は休みです。

★ 위의 내용과 맞으면 O표, 틀리면 X표를 하세요.

❶ このジムでは、毎日運動することができます。（　）

❷ ジムの中でジュースを飲んではいけません。（　）

❸ ジムの中では、タバコを吸うことができません。（　）

走る 달리다	踊る 춤추다	いろいろな 여러 가지	音楽 음악	聞く 듣다
楽しく 즐겁게	トレーナー 트레이너	相談する 상담하다	サウナ 사우나	できる 생기다
注意 주의	食べ物 먹을 것	飲み物 음료수	ペット 애완동물	連れてくる 데리고 오다
タバコ 담배	吸う (담배를) 피우다	外 밖	出る 나가다	

가족 명칭

우리 가족

남의 가족

そふ
祖父 (할아버지)
じい
お祖父さん

そぼ
祖母 (할머니)
ばあ
お祖母さん

ちち
父 (아버지)
とう
お父さん

はは
母 (어머니)
かあ
お母さん

あに
兄 (형/오빠)
にい
お兄さん

あね
姉 (언니/누나)
ねえ
お姉さん

わたし
私 (나)

おとうと
弟 (남동생)
おとうと
弟さん

いもうと
妹 (여동생)
いもうと
妹 さん

つま かない
妻/家内 (아내)
おく
奥さん

おっと しゅじん
夫/主人 (남편)
しゅじん
ご主人

むすこ
息子 (아들)
むすこ
息子さん

むすめ
娘 (딸)
むすめ
娘さん

해석

01 회화문
야마다 김민수 씨, 안녕하세요.
김민수 안녕하세요.
야마다 김민수 씨의 직업은 무엇입니까?
김민수 회사원입니다.
야마다 씨도 회사원이세요?
야마다 아니오, 회사원이 아닙니다. 대학생입니다.

02 회화문
야마다 김민수 씨, 그것은 무엇입니까?
김민수 이것은 컴퓨터입니다.
야마다 김민수 씨의 컴퓨터입니까?
김민수 예, 제 것입니다.
야마다 한국 컴퓨터입니까?
김민수 아니오, 한국 컴퓨터가 아닙니다.
일본 컴퓨터입니다.

03 회화문
야마다 김민수 씨, 지금 몇 시입니까?
김민수 4시 반입니다.
야마다 도서관은 몇 시부터 몇 시까지입니까?
김민수 오전 9시부터 오후 10시까지입니다.
야마다 여기에서 도서관까지 몇 분입니까?
김민수 15분입니다.

04 회화문
김민수 야마다 씨, 학교는 집에서 멉니까?
야마다 아니오, 멀지 않습니다. 가깝습니다.
김민수 한국인 친구가 많습니까?
야마다 예, 많습니다.
김민수 한국어 공부는 어렵지 않습니까?
야마다 그렇네요.
조금 어렵지만, 재미있습니다.

05 회화문
야마다 이 하얀 휴대폰은 김민수 씨의 것입니까?
김민수 예, 그것은 제 것입니다.
야마다 가볍고 좋네요.
김민수 그렇습니까? 하지만, 낡았어요.
야마다 씨의 휴대폰은 어떻습니까?
야마다 제 휴대폰은 새롭지만, 무겁습니다.

06 회화문
야마다 여기는 매우 번화하네요.
김민수 그렇네요. 사람이 많고 재미있는 거리군요.
야마다 노래방도 많네요.
김민수 야마다 씨는 노래방을 좋아하세요?
야마다 예, 좋아합니다만, 노래는 그다지
잘하지 않습니다.
김민수 그렇습니까? 저도 노래를 못합니다.

07 회화문
야마다 깨끗한 레스토랑이네요.
김민수 예, 여기는 아주 유명합니다.
야마다 어떤 요리가 맛있습니까?
김민수 초밥이 신선하고 맛있습니다.
야마다 김민수 씨는 초밥을 좋아합니까?
김민수 예, 아주 좋아합니다.
하지만, 고추냉이는 별로 좋아하지 않습니다.
야마다 어째서요?
김민수 맵기 때문입니다.

08 회화문
야마다 한국 겨울은 매우 춥네요.
김민수 그렇습니까? 동경과 서울과 어느 쪽이
춥습니까?
야마다 동경보다 서울 쪽이 춥습니다.
김민수 야마다 씨는 계절 중에서 언제를 가장
좋아합니까?
야마다 저는 봄을 가장 좋아합니다.
김민수 씨는 언제를 가장 좋아합니까?
김민수 수영을 좋아하기 때문에 여름을 가장
좋아합니다.

09 회화문

점원   어서 오십시오.
야마다   저기요. 이 가방은 얼마입니까?
점원   5600엔입니다.
야마다   그렇습니까? 조금 비싸네요.
점원   그러면 저것은 어떻습니까?
           이 가방보다 싸고 좋습니다.
야마다   저것은 얼마입니까?
점원   3800엔입니다. 크고 아주 편리합니다.
야마다   그러면 저것 하나 주세요.
점원   감사합니다.

10 회화문

야마다   실례합니다. 이 근처에 은행이 있습니까?
통행인   은행이요? 아, 서점 2층에 있습니다.
야마다   서점 2층이요?
           죄송하지만, 서점은 어디예요?
통행인   저기에 백화점이 있지요.
           그 옆이 서점입니다.
야마다   백화점 옆이 서점이군요.
통행인   예, 그 위에 은행이 있습니다.
야마다   그렇습니까? 감사합니다.

11 회화문

김민수   야마다 씨, 여름 휴가는 어땠습니까?
야마다   여행이 즐거웠습니다.
김민수   그렇습니까?
           여행은 언제부터 언제까지였습니까?
야마다   7월 29일부터 8월 4일까지였습니다.
           좋은 날씨였습니다만, 아주 더웠습니다.
김민수   호텔은 어땠습니까?
야마다   그다지 싸지 않았습니다만,
           요리도 맛있고, 방도 깨끗했습니다.

12 회화문

야마다   김민수 씨, 이번 주말은 뭐 하세요?
김민수   친구를 만납니다.
           그리고 나서 노래방에 갈 겁니다.
야마다   자주 노래방에 가세요?
김민수   예, 노래를 좋아하기 때문에, 자주 갑니다.
           아주 즐겁습니다. 야마다 씨는 뭐 하세요?
야마다   도서관에 갑니다.
김민수   자주 도서관에 갑니까?
야마다   아니오, 별로 안 갑니다. 하지만, 다음 주부터
           시험이기 때문에, 도서관에서 공부를 할 겁니다.

13 회화문

김민수   야마다 씨, 다음 주 월요일은 다나까 씨의
           생일이네요.
야마다   그렇네요. 선물은 샀습니까?
김민수   아니오. 아직입니다. 이제부터 사러 갈겁니다.
야마다   그렇습니까?
           저도 아직이니까, 함께 쇼핑하러 가지
           않겠습니까?
김민수   예, 어디에서, 몇 시에 만날까요?
야마다   학교 앞에서 4시는 어때요?
김민수   예, 그렇게 합시다. 무엇을 살까요?
야마다   다나까 씨는 한국 드라마를 좋아하니까, 드라마
           DVD는 어떨까요?
김민수   좋네요. 그렇게 합시다.

14 회화문

김민수   어제는 무엇을 했습니까?
야마다   친구와 저녁을 먹으면서, 수다를 떨었습니다.
           아주 즐거웠습니다.
김민수   좋네요. 저도 맛있는 것을 먹고 싶습니다.
야마다   그러면, 오늘 함께 가지 않을래요?
           좋은 가게가 있으니까.
김민수   정말로 가고 싶습니다만, 오늘도 일이
           많아서…….
야마다   오늘은 토요일이에요. 오늘도 회사에 갑니까?
김민수   예, 요즘 아주 바빠서, 토요일도 일을 합니다.
           저도 휴가를 갖고 싶습니다.

해석

15 회화문

야마다 여보세요. 김민수 씨, 지금 무엇을 하고 있습니까?
김민수 집에서 쉬고 있습니다.
야마다 이번 주 토요일, 시간이 있습니까?
김민수 예, 한가합니다. 왜요?
야마다 토요일 3시부터, 우리 집에서 생일 파티를 합니다. 김민수 씨도 놀러 오세요.
김민수 감사합니다.
야마다 씨 집에는 어떻게 갑니까?
야마다 대학 옆에 있어요. 2호선 지하철을 타고, 3번째 역에서 내리세요.
김민수 예, 알겠습니다. 기대되네요.

16 회화문

야마다 김민수 씨, 이것은 무엇입니까?
김민수 고등학교 때의 사진입니다.
야마다 봐도 됩니까?
김민수 예, 하지만 웃으면 안 됩니다.
지금과는 전혀 다르기 때문에.
야마다 에~, 이 사람이 정말로 김민수 씨입니까?
김민수 그렇습니다.
고등학교 때는 지금보다 10킬로그램이나 살쪘기 때문에.
야마다 어떻게 살을 뺐나요?
김민수 매일 헬스클럽에 다니고, 운동을 했습니다.
야마다 그렇습니까? 열심히 했군요.

17 회화문

김민수 다음 주 월요일부터 일 때문에 홋카이도에 갑니다. 야마다 씨는 홋카이도에 간 적이 있습니까?
야마다 아니오, 아직 간 적이 없습니다.
홋카이도는 맛있는 것이 많기 때문에 가고 싶습니다.
김민수 홋카이도는 무엇이 유명합니까?
야마다 홋카이도는 맥주와 게가 유명합니다
김민수 그렇습니까? 그러면, 한국에 돌아오기 전에 먹으러 가겠습니다. 선물은 무엇을 갖고 싶습니까?
야마다 홋카이도는 초콜릿이 맛있기 때문에, 부탁해도 됩니까?
김민수 알겠습니다. 일이 끝난 후에, 유명한 곳에서 사 오겠습니다.

18 회화문

김민수 야마다 씨, 지난 주말에는 무엇을 했습니까?
야마다 오랜만에 일본에 갔습니다. 아주 즐거웠습니다.
김민수 부럽네요, 일본에 가서 무엇을 했습니까?
야마다 여름이니까, 불꽃놀이를 보거나, 유가타를 입고 축제(마쯔리)에 가거나 했습니다.
김민수 씨는 어땠습니까?
김민수 지난 주말은 오랜만에 푹 쉴 수 있었습니다.
야마다 계속 집에 있었습니까?
김민수 예, 힘든 일이 막 끝났기 때문에, 집에서 빈둥빈둥거리거나, 텔레비전을 보거나 했습니다.

19 회화문

선생님 오늘은 한국어로 작문을 써 봅시다.
테마는 [한국에서의 생활]입니다.
야마다 짧은 작문은 안 됩니까?
선생님 예, 여러 가지 단어를 사용해서, 길게 써 주세요.
야마다 글씨가 예쁘지 않기 때문에, 컴퓨터를 사용해도 됩니까?
선생님 아니오, 컴퓨터는 사용하지 마세요.
펜으로 쓰세요.
야마다 사전을 봐도 됩니까?
선생님 예, 사전은 봐도 됩니다.
천천히 써도 좋으니까, 깔끔하게 써 주세요.

20 회화문

야마다 저, 다음 학기 들어가기 전에 이사하고 싶습니다.
김민수 어? 왜요? 지금 집은 학교에서 가까워서, 다니기 편하지 않습니까?
야마다 예, 그렇지만, 조금 너무 번화해서, 밤 늦게까지 시끄러워요.
김민수 그렇군요. 그러면 살기 불편하겠네요.
어떤 집으로 이사하고 싶습니까?
야마다 지금 집보다 조용하고, 싼 집이 좋겠어요.
김민수 그러면, 함께 찾아봅시다.
야마다 감사합니다.

읽어보자 ①

처음뵙겠습니다. 김민수입니다.
저는 한국인입니다. 아무쪼록 잘 부탁합니다.
저는 회사원입니다. 저것은 저의 회사입니다.
역에서 회사까지 15분입니다.
저의 회사는 한국 회사가 아닙니다.
일본 회사입니다.
일은 오전 9시부터 오후 6시까지입니다.
점심시간은 12시부터 1시까지입니다.

★ 확인하기 정답 ❶ ○ ❷ X ❸ ○

읽어보자 ②

저는 일본을 아주 좋아합니다.
일본 요리도, 일본인도 아주 좋아하기 때문입니다.
일본 요리는 조금 비싸지만, 맛있습니다.
일본인은 아주 친절합니다.
우리 반의 선생님도 친절하고 재미있습니다.
그리고 저는 일본 드라마도 좋아합니다.
일본 드라마는 스토리가 좋고, 재미있기 때문입니다.
지금은 일본어가 서툴기 때문에, 조금 어렵습니다.
하지만, 일본어 공부는 재미있기 때문에 좋아합니다.

★ 확인하기 정답 ❶ ○ ❷ ○ ❸ X

읽어보자 ③

처음 뵙겠습니다. 저는 다나까 미호입니다.
대학교 1학년입니다. 대학은 서울에 있습니다.
지금 한국어를 공부하는 중입니다.
하지만 한국어를 별로 잘 못하기 때문에,
아직 어렵습니다.
저의 친구인 기무라 씨는 반에서 가장 한국어를
잘합니다. 그녀는 한국인 친구가 많기 때문에,
한국어를 잘합니다. 하지만 저는 한국인 친구가 없기
때문에 부럽습니다. 저도 한국인 친구를 갖고
싶습니다(원합니다).

★ 확인하기 정답 ❶ ○ ❷ X ❸ ○

읽어보자 ④

9월 1일 (토) 맑음 ♪

저는 오늘 역 앞의 백화점에 갔습니다.
거기에서 요시꼬 씨의 생일 선물을 샀습니다.
오늘은 토요일이었기 때문에, 사람이 정말로 많고
북적거렸습니다.
저는 우선 2층에서 시계를 봤습니다.
하지만 좋은 시계가 없었기 때문에 사지 않았습니다.
그리고 나서 1층에서 가방을 봤습니다.

요시꼬 씨가 좋아하는 빨갛고 귀여운 가방이
있었습니다.
조금 비쌌지만, 그것을 샀습니다.
내일은 요시꼬 씨의 생일입니다.
내일 파티가 기대됩니다.

★ 확인하기 정답 ❶ ○ ❷ X ❸ X

읽어보자 ⑤

미호 씨 잘 지내세요?
저는 잘 지냅니다만, 최근에 살이 쪄서 지금 다이어트를
하고 있습니다.
하지만, 좀처럼 살이 빠지지 않아서 걱정입니다.
다이어트 때는 아침과 낮에는 먹어도 되지만, 밤 늦게
먹어서는 안 됩니다.
하지만 때때로 밤 늦게 먹고 맙니다.
어제도 친구가 놀러 왔기 때문에, 함께 맥주를 마시면서
치킨을 먹고 말았습니다.
그래서 오늘은 헬스클럽에 가서, 열심히 운동을 했습니다.
다이어트는 전에도 했습니다만, 실패하고 말았습니다.
하지만 이번에는 반드시 다이어트를 해서 바다에 놀러
가고 싶습니다.
미호 씨, 올 여름에는 함께 바다에 놀러 갑시다.

마리로부터

★ 확인하기 정답 ❶ ○ ❷ X ❸ X

읽어보자 ⑥

동경 헬스클럽

여러분, 요즘 운동하고 있습니까?
저희 헬스클럽에서는 뛰기도 하고, 수영도 하고, 춤도
추는 여러 가지 운동을 할 수 있습니다.
음악을 듣거나, 텔레비전을 보거나 하면서 즐겁게
운동할 수 있습니다.
운동하기 전에 트레이너와 상담도 할 수 있습니다.
사우나가 생긴 지 얼마 안됐기 때문에, 운동한 후에는
사우나를 할 수도 있습니다.
자, 당신도 오늘부터 함께 운동하지 않겠습니까?

※ 주의 ※

1. 헬스장 안에서는 음식을 먹지 마세요.
   음료수는 마셔도 됩니다.
2. 애완동물은 데리고 오지 마세요.
3. 헬스장 안에서는 담배를 피워서는 안 됩니다.
   담배는 밖에 나가서 피우세요.
4. 매주 수요일은 휴일입니다.

★ 확인하기 정답 ❶ X ❷ X ❸ ○

01 私は大学生です。

말해보자

01

① A 会社員？
　B うん、会社員。
　　ううん、会社員じゃない。
　A 会社員ですか。
　B はい、会社員です。
　　いいえ、会社員じゃないです。
　　いいえ、会社員じゃありません。

② A 歌手？
　B うん、歌手。
　　ううん、歌手じゃない。
　A 歌手ですか。
　B はい、歌手です。
　　いいえ、歌手じゃないです。
　　いいえ、歌手じゃありません。

③ A 韓国人？
　B うん、韓国人。
　　ううん、韓国人じゃない。
　A 韓国人ですか。
　B はい、韓国人です。
　　いいえ、韓国人じゃないです。
　　いいえ、韓国人じゃありません。

④ A 中国人？
　B うん、中国人。
　　ううん、中国人じゃない。
　A 中国人ですか。
　B はい、中国人です。
　　いいえ、中国人じゃないです。
　　いいえ、中国人じゃありません。

02

① A 田中さんは大学生ですか。
　B はい、大学生です。
　　いいえ、大学生じゃありません。
　　高校生です。

② A 鈴木さんは医者ですか。
　B はい、医者です。
　　いいえ、医者じゃありません。
　　会社員です。

③ A あなたは中国人ですか。
　B はい、中国人です。
　　いいえ、中国人じゃありません。
　　日本人です。

④ A あなたはフランス人ですか。
　B はい、フランス人です。
　　いいえ、フランス人じゃありません。
　　ドイツ人です。

들어보자

01

❶ d ❷ f ❸ c ❹ a

예 A 佐藤さんは会社員ですか。
　 B いいえ、会社員じゃありません。先生です。

❶ A 木村さんは先生ですか。
　 B いいえ、医者です。

❷ A 田中さんは歌手ですか。
　 B はい、歌手です。

❸ A キムさんは大学生ですか。
　 B はい、大学生です。

❹ A 中村さんは医者ですか。
　 B いいえ、医者じゃありません。会社員です。

02

❶ かいしゃいん　❷ だいがくせい
❸ わたし / じゃありません

❶ 彼はかいしゃいんです。
❷ あなたはだいがくせいですか。
❸ わたしは韓国人じゃありません。

02 これは日本のパソコンです。

말해보자

01

❶ A これは電話ですか。
　 B はい、(それは)電話です。
　　 いいえ、(それは)電話じゃありません。時計です。

❷ A それは本ですか。
　 B はい、(これは)本です。
　　 いいえ、(これは)本じゃありません。辞書です。

❸ A それはケータイですか。
　 B はい、(これは)ケータイです。
　　 いいえ、(これは)ケータイじゃありません。カメラです。

❹ A あれは新聞ですか。
　 B はい、(あれは)新聞です。
　　 いいえ、(あれは)新聞じゃありません。雑誌です。

02

❶ A これは何ですか。
　 B それはくつです。
　 A あなたのくつですか。
　 B いいえ、私のくつじゃありません。キムさんのです。

정답 및 스크립트

❷ A それは何ですか。
   B これはパソコンです。
   A あなたのパソコンですか。
   B いいえ、私のパソコンじゃありません。
     イさんのです。

❸ A それは何ですか。
   B これはぼうしです。
   A あなたのぼうしですか。
   B いいえ、私のぼうしじゃありません。
     佐藤さんのです。

❹ A あれは何ですか。
   B あれはめがねです。
   A あなたのめがねですか。
   B いいえ、私のめがねじゃありません。
     鈴木さんのです。

들어보자

01

❶ a ❷ f ❸ b ❹ c

(예) A これはあなたのケータイですか。
    B はい、私のです。

❶ A それは中村さんのくつですか。
   B いいえ、田中さんのくつです。

❷ A これは木村さんの財布ですか。
   B はい、木村さんのです。

❸ A あれは先生の傘ですか。
   B いいえ、先生の傘じゃありません。
     中村さんのです。

❹ A それは田中さんの雑誌ですか。
   B いいえ、先生のです。

02

❶ とけい ❷ の / しんぶん ❸ わたしの

❶ これはとけいです。
❷ それは日本のしんぶんですか。
❸ あれはわたしのじゃありません。

03 図書館は何時から何時までですか。

말해보자

01

① A 今、何時ですか。
   B じゅういちじです。

② A 今、何時ですか。
   B ろくじごふんです。

③ A 今、何時ですか。
   B くじにじゅうごふんです。

④ A 今、何時ですか。
   B よじじゅっぷんです。

⑤ A 今、何時ですか。
   B はちじよんじゅうごふんです。

⑥ A 今、何時ですか。
   B いちじごじゅうごふんです。

⑦ A 今、何時ですか。
   B じゅうにじさんじゅっぷんです。
   (じゅうにじはんです。)

⑧ A 今、何時ですか。
   B しちじじゅうごふんです。

02

① A 昼休みは何時から何時までですか。
   B じゅうにじからいちじまでです。

② A テストは何時から何時までですか。
   B よじからしちじまでです。

③ A デパートは何時から何時までですか。
   B じゅうじさんじゅっぷんからはちじまでです。

④ A 授業は何時から何時までですか。
   B くじさんじゅっぷんからじゅういちじまでです。

정답 및 스크립트

들어보자

01
❶ X ❷ O ❸ X

예 A 今、何時ですか。
B よじです。

❶ A 今、何時ですか。
B ななじじゅうごふんです。

❷ A 今、何時ですか。
B じゅういちじはんです。

❸ A 今、何時ですか。
B きゅうじじゅっぷんです。

02
❶ 7:00~11:00 ❷ 10:30~8:00
❸ 3:00~4:40

예 A 会社は何時から何時までですか。
B くじからろくじまでです。

❶ A 図書館は何時から何時までですか。
B しちじからじゅういちじまでです。

❷ A デパートは何時から何時までですか。
B じゅうじさんじゅっぷんからはちじまでです。

❸ A 授業は何時から何時までですか。
B さんじからよじよんじゅっぷんまでです。

04 学校はうちから遠いですか。

말해보자

01
❶ A 暑い？
B うん、暑い。
ううん、暑くない。

A 暑いですか。
B はい、暑いです。
いいえ、暑くないです。
いいえ、暑くありません。

❷ A おいしい？
B うん、おいしい。
ううん、おいしくない。

A おいしいですか。
B はい、おいしいです。
いいえ、おいしくないです。
いいえ、おいしくありません。

❸ A かわいい？
B うん、かわいい。
ううん、かわいくない。

A かわいいですか。
B はい、かわいいです。
いいえ、かわいくないです。
いいえ、かわいくありません。

❹ A いい？
　 B うん、いい。
　　 ううん、よくない。

　 A いいですか。
　 B はい、いいです。
　　 いいえ、よくないです。
　　 いいえ、よくありません。

02
❶ A 日本語は難しいですか。
　 B はい、難しいです。
　　 いいえ、難しくありません。
　　 易しいです。

❷ A 今日は寒いですか。
　 B はい、寒いです。
　　 いいえ、寒くありません。
　　 暑いです。

❸ A キムさんのテレビは大きいですか。
　 B はい、大きいです。
　　 いいえ、大きくありません。
　　 小さいです。

❹ A 田中さんのケータイは新しいですか。
　 B はい、新しいです。
　　 いいえ、新しくありません。
　　 古いです。

들어보자

01
❶ X　❷ O　❸ O　❹ O　❺ O　❻ X

예　A このかばんは高いですか。
　　 B はい、高いです。

❶ A この本は易しいですか。
　 B はい、易しいです。

❷ A 山田さんのケータイは新しいですか。
　 B いいえ、新しくありません。
　　 古いです。

❸ A 銀行は学校から遠いですか。
　 B いいえ、近いです。

❹ A 仕事が多いですか。
　 B はい、多いです。

❺ A 会社は忙しいですか。
　 B いいえ、忙しくありません。

❻ A 今日は天気がいいですか。
　 B いいえ、よくありません。
　　 悪いです。

02
❶ かんじ / おおい　❷ きょう / よく
❸ しごと / いそがしいですが

❶ かんじがおおいです。
❷ きょうは天気がよくありません。
❸ しごとはいそがしいですが、
　 おもしろいです。

05 この白いケータイは軽くていいですね。

말해보자

01

① A どんな傘ですか。
　B 赤い傘です。

② A どんな映画ですか。
　B 怖い映画です。

③ A どんな人ですか。
　B 背が高い人です。

④ A どんな本ですか。
　B 漢字が多い本です。

02

① A このケーキはどうですか。
　B 甘くて、おいしいです。

② A そのパソコンはどうですか。
　B 小さくて、軽いです。

③ A あの店はどうですか。
　B 狭くて、うるさいです。

④ A 山田さんはどうですか。
　B 明るくて、おもしろいです。

들어보자

01

① a, c　② a, c　③ a, d

예 A そのかばんはどうですか。
　B 小さくて、安いです。

① A その部屋はどうですか。
　B 明るくて、広いです。

② A どんな料理ですか。
　B おいしいですが、辛い料理です。

③ A どんなケータイですか。
　B 新しいですが、重いケータイです。

02

① かわいい　② りょうり / どう

③ あかるくて

① これはかわいい財布です。
② このりょうりはどうですか。
③ あの部屋はあかるくて広いです。

06 カラオケが好きですか。

말해보자

01

① A 有名？
B うん、有名。
ううん、有名じゃない。
A 有名ですか。
B はい、有名です。
いいえ、有名じゃないです。
いいえ、有名じゃありません。

② A 便利？
B うん、便利。
ううん、便利じゃない。
A 便利ですか。
B はい、便利です。
いいえ、便利じゃないです。
いいえ、便利じゃありません。

③ A 暇？
B うん、暇。
ううん、暇じゃない。
A 暇ですか。
B はい、暇です。
いいえ、暇じゃないです。
いいえ、暇じゃありません。

④ A 静か？
B うん、静か。
ううん、静かじゃない。
A 静かですか。
B はい、静かです。
いいえ、静かじゃないです。
いいえ、静かじゃありません。

02

① A その店はきれいですか。
B はい、とてもきれいです。
いいえ、あまりきれいじゃありません。

② A 先生は親切ですか。
B はい、とても親切です。
いいえ、あまり親切じゃありません。

③ A キムさんはスポーツが好きですか。
B はい、とても好きです。
いいえ、あまり好きじゃありません。

④ A 山田さんは歌が上手ですか。
B はい、とても上手です。
いいえ、あまり上手じゃありません。

정답 및 스크립트

들어보자

01
❶ X ❷ X ❸ ○ ❹ ○ ❺ X ❻ X

예 A あのデパートは有名ですか。
　 B はい、とても有名です。

❶ A 山田さんは歌が上手ですか。
　 B いいえ、上手じゃありません。
　　 とても下手です。

❷ A 今日は暇ですか。
　 B はい、暇です。

❸ A キムさんの部屋は静かですか。
　 B いいえ、あまり静かじゃありません。

❹ A このパソコンは便利ですか。
　 B いいえ、不便です。

❺ A 東京は賑やかですか。
　 B はい、とても賑やかです。

❻ A パクさんの車は丈夫ですか。
　 B いいえ、あまり丈夫じゃありません。

02
❶ きれい　❷ が / じょうず　❸ ゆうめい

❶ その店はきれいです。
❷ 日本語がじょうずですか。
❸ この歌はゆうめいじゃありません。

07 きれいなレストランですね。

말해보자

01
❶ A どんな車ですか。
　 B 丈夫な車です。

❷ A どんな公園ですか。
　 B きれいな公園です。

❸ A どんな仕事ですか。
　 B 大変な仕事です。

❹ A どんな人ですか。
　 B スポーツが好きな人です。

02
❶ A キムさんはどうですか。
　 B 真面目で、日本語が上手です。

❷ A このさしみはどうですか。
　 B 新鮮で、おいしいです。

❸ A ソウルの地下鉄はどうですか。
　 B 便利で、速いです。

❹ A 山田さんの子どもはどうですか。
　 B 元気で、明るいです。

03

① A あの店が好きです。
B どうしてですか。
A きれいで、料理がおいしいからです。

② A 山田さんが好きです。
B どうしてですか。
A スポーツが上手で、
ハンサムだからです。

③ A パクさんが好きです。
B どうしてですか。
A 明るくて、親切だからです。

④ A りんごが好きです。
B どうしてですか。
A 甘くて、おいしいからです。

들어보자

01

① a, d　　**②** b, c　　**③** a, c

예 A あの人はどうですか。
B 真面目で、日本語が上手です。

① A 日本語の先生はどうですか。
B ハンサムで、背が高いです。

② A どんなさしみですか。
B 高いですが、新鮮なさしみです。

③ A どんな仕事ですか。
B 大変ですが、おもしろい仕事です。

02

① りっぱな　　**②** にぎやかで
③ しんせつだから

① キムさんはりっぱな医者です。
② 東京はにぎやかで人が多いです。
③ 先生はしんせつだから好きです。

08 東京とソウルとどちらが寒いですか。

말해보자

01
① A 漢字とカタカナとどちらが簡単ですか。
　B (漢字より)カタカナの方が簡単です。

② A スキーと水泳とどちらが上手ですか。
　B (水泳より)スキーの方が上手です。

③ A ビールと焼酎とどちらがおいしいですか。
　B (焼酎より)ビールの方がおいしいです。

④ A 日本とアメリカとどちらが韓国から遠いですか。
　B (日本より)アメリカの方が遠いです。

02
① A 乗り物の中で何が一番速いですか。
　B 飛行機が一番速いです。

② A 友だちの中で誰が一番真面目ですか。
　B 田中さんが一番真面目です。

③ A 日本の中でどこが一番有名ですか。
　B 東京が一番有名です。

④ A 季節の中でいつが一番嫌いですか。
　B 夏が一番嫌いです。

들어보자

01
① b　② b　③ c

예 A 山登りと水泳とどちらがおもしろいですか。
　B (水泳より)山登りの方がおもしろいです。

① A 漢字とカタカナとどちらが簡単ですか。
　B (漢字より)カタカナの方が簡単です。

② A 果物の中で何が一番おいしいですか。
　B ももが一番おいしいです。

③ A 季節の中でいつが一番好きですか。
　B 冬が一番好きです。

02
① と / と / どちら　② より / のほう
③ なか / なに / いちばん

① 日本語と英語とどちらが難しいですか。
② ぶどうよりいちごのほうがおいしいです。
③ 乗り物のなかでなにがいちばん速いですか。

09 このかばんはいくらですか。

말해보자

01

① A おにぎりください。
　 B いくつですか。
　 A 6つください。

② A ラーメンください。
　 B いくつですか。
　 A 2つください。

③ A ホットコーヒーください。
　 B いくつですか。
　 A 1つください。

④ A コーラください。
　 B いくつですか。
　 A 4つください。

02

① A ハンバーガーはいくらですか。
　 B さんびゃくきゅうじゅうえんです。

② A サラダはいくらですか。
　 B ごひゃくななじゅうえんです。

③ A 辞書はいくらですか。
　 B せんきゅうひゃくえんです。

④ A めがねはいくらですか。
　 B さんぜんろっぴゃくえんです。

⑤ A 時計はいくらですか。
　 B いちまんはっせんえんです。

⑥ A テレビはいくらですか。
　 B よんまんろくせんはっぴゃくえんです。

03

① 店員　いらっしゃいませ。
　 客　　ボールペンはいくらですか。
　 店員　きゅうじゅうえんです。
　 客　　ノートはいくらですか。
　 店員　ひゃくにじゅうえんです。
　 客　　ボールペンとノートください。
　 店員　はい、全部でにひゃくじゅうえんです。
　 客　　じゃあ、これでお願いします。
　 店員　ありがとうございます。

② 店員　いらっしゃいませ。
　 客　　ぼうしはいくらですか。
　 店員　はっぴゃくよんじゅうです。
　 客　　傘はいくらですか。
　 店員　せんろっぴゃくえんです。
　 客　　ぼうしと傘ください。
　 店員　はい、全部でにせんよんひゃくよんじゅうえんです。
　 客　　じゃあ、これでお願いします。
　 店員　ありがとうございます。

정답 및 스크립트

들어보자

01
① O ② O ③ X

예) コーラ ひとつ ください。
① おにぎり いつつ ください。
② ケーキ ふたつ ください。
③ コーヒー よっつ ください。

02
① 350円 ② 240円 ③ 2800円
④ 16000円 ⑤ 69800円

예)
A いらっしゃいませ。
B すみません、このケーキはいくらですか。
A よんひゃくえんです。

①
A いらっしゃいませ。
B すみません、コーヒーはいくらですか。
A さんびゃくごじゅうえんです。

②
A いらっしゃいませ。
B すみません、赤いボールペンはいくらですか。
A あ、それはにひゃくよんじゅうえんです。

③
A いらっしゃいませ。
B すみません、その短い傘はいくらですか。
A これですね。これはにせんはっぴゃくえんです。
B じゃあ、それください。

④
A いらっしゃいませ。
B すみません、その白くて小さい時計はいくらですか。
A あ、これですね。いちまんろくせんえんです。
B そうですか。じゃあ、ひとつください。

⑤
A いらっしゃいませ。
B わぁ、いいテレビですね。
A はい、これは一番新しいテレビです。
B そうですか。それはいくらですか。
A ろくまんきゅうせんはっぴゃくえんです。
B じゃあ、それ、ひとつください。

10 この近くに銀行がありますか。

말해보자

01

① A 車がありますか。
B はい、あります。
A どこにありますか。
B 店の前にあります。

② A 本棚がありますか。
B はい、あります。
A どこにありますか。
B 机とテレビの間にあります。

③ A 犬がいますか。
B はい、います。
A どこにいますか。
B ベッドの上にいます。

④ A 田中さんがいますか。
B はい、います。
A どこにいますか。
B 木村さんの後ろにいます。

02

① A 銀行はどこにありますか。
B デパートの隣にあります。

② A カラオケはどこにありますか。
B 銀行の上にあります。

③ A 花屋はどこにありますか。
B デパートの中にあります。

④ A 田中さんはどこにいますか。
B コンビニの前にいます。

⑤ A 本屋はどこにありますか。
B 駅とコンビニの間にあります。

⑥ A 犬はどこにいますか。
B 田中さんのそばにいます。

정답 및 스크립트

들어보자

01
❶ X ❷ X ❸ X ❹ O

예 A 本棚はどこにありますか。
　　B ベッドのそばにあります。

❶ A 日本語の辞書はどこにありますか。
　　B いすの上にあります。

❷ A 猫はどこにいますか。
　　B いすの下にいます。

❸ A 犬はどこにいますか。
　　B 本棚の前にいます。

❹ A 時計はどこにありますか。
　　B 本棚の中にあります。

02
❶ となり / あります
❷ ほんや / ちかく / あります
❸ と / あいだ / います

❶ デパートの**となり**に**銀行**があります。
❷ **ほんや**は**駅**の**ちかく**にあります。
❸ キムさん**と**中村さんの**あいだ**に先生が います。

11 旅行は8月4日まででした。

말해보자

01
❶ A 週末は忙しかったですか。
　　B はい、忙しかったです。
　　　いいえ、忙しくありませんでした。

❷ A 旅行は楽しかったですか。
　　B はい、楽しかったです。
　　　いいえ、楽しくありませんでした。

❸ A その映画は怖かったですか。
　　B はい、怖かったです。
　　　いいえ、怖くありませんでした。

❹ A 今日の授業は難しかったですか。
　　B はい、難しかったです。
　　　いいえ、難しくありませんでした。

❺ A 昨日は天気がよかったですか。
　　B はい、天気がよかったです。
　　　いいえ、天気がよくありませんでした。

02
❶ A あの店はきれいでしたか。
　　B はい、きれいでした。
　　　いいえ、きれいじゃありませんでした。

❷ A 授業は簡単でしたか。
　　B はい、簡単でした。
　　　いいえ、簡単じゃありませんでした。

③ A 昨日は雨でしたか。
　B はい、雨でした。
　　いいえ、雨じゃありませんでした。

④ A 土曜日は休みでしたか。
　B はい、休みでした。
　　いいえ、休みじゃありませんでした。

⑤ A 先週はテストでしたか。
　B はい、テストでした。
　　いいえ、テストじゃありませんでした。

03

① A 明日は何月何日ですか。
　B じゅうにがつみっかです。

② A お正月はいつですか。
　B いちがつついたちです。

③ A お誕生日はいつですか。
　B くがつとおかです。

④ A 子どもの日はいつですか。
　B ごがついつかです。

⑤ A テストはいつからいつまでですか。
　B じゅういちがつようかから、
　　じゅうよっかまでです。

⑥ A デパートのセールはいつからいつまでですか。
　B しちがつここのかから、
　　はつかまでです。

들어보자

01

① 13日～20日　② 6日～10日
③ 2日～14日　④ 1日～29日

例 A セールはいつからいつまででしたか。
　B 8日から17日まででした。
　A 安かったですか。
　B はい、とても安くてよかったです。

① A 旅行はいつからいつまででしたか。
　B 13日から20日まででした。
　A 楽しかったですか。
　B はい、とても楽しかったです。

② A テストはいつからいつまででしたか。
　B 6日から10日まででした。
　A どうでしたか。
　B 少し難しかったです。

③ A 新しい仕事はいつから
　　いつまででしたか。
　B 2日から14日まででした。
　A どうでしたか。
　B 新しい仕事でしたから、
　　とても大変でした。

④ A 先月の授業はいつから
　　いつまででしたか。
　B 1日から29日まででした。
　A 難しかったですか。
　B いいえ、易しくて、とても
　　おもしろかったです。

정답 및 스크립트

12 よくカラオケに行きますか。

말해보자

01

❶ A よく友だちと話しますか。
　 B はい、話します。
　　 いいえ、話しません。

❷ A よくプールで泳ぎますか。
　 B はい、泳ぎます。
　　 いいえ、泳ぎません。

❸ A よくタクシーに乗りますか。
　 B はい、乗ります。
　　 いいえ、乗りません。

❹ A よく日本料理を食べますか。
　 B はい、食べます。
　　 いいえ、食べません。

❺ A よくこのレストランに来ますか。
　 B はい、来ます。
　　 いいえ、来ません。

들어보자

01

❶ ⑧→①→⑨→③→④→⑦→⑥

私は今日2時まで図書館でレポートを
書きます。友だちに会います。
コーヒーを飲みます。映画を見ます。
地下鉄に乗ります。うちに帰ります。
お風呂に入ります。恋人に電話をかけます。

13 一緒に買い物に行きませんか。

말해보자

01

❶ A 昨日、恋人に会いましたか。
　 B はい、会いました。
　　 いいえ、会いませんでした。

❷ A 昨日、早く寝ましたか。
　 B はい、早く寝ました。
　　 いいえ、早く寝ませんでした。

❸ A 昨日、料理を作りましたか。
　 B はい、作りました。
　　 いいえ、作りませんでした。

❹ A 昨日、日本語の勉強をしましたか。
　 B はい、しました。
　　 いいえ、しませんでした。

❺ A 昨日、友だちに電話をかけましたか。
　 B はい、かけました。
　　 いいえ、かけませんでした。

02

❶ A 一緒に、海で泳ぎませんか。
　 B いいですね。泳ぎましょう。
　　 すみません。
　　 天気が悪いですから、ちょっと…。

❷ A 一緒に、お酒を飲みませんか。
　 B いいですね。飲みましょう。
　　 すみません。
　　 仕事が多いですから、ちょっと…。

❸ A 一緒に、映画を見ませんか。
　 B いいですね。見ましょう。
　　 すみません。
　　 宿題が大変ですから、ちょっと…。

❹ A 一緒に、歌を歌いませんか。
　 B いいですね。歌いましょう。
　　 すみません。
　　 歌が下手ですから、ちょっと…。

❺ A 一緒に、ゲームをしませんか。
　 B いいですね。しましょう。
　　 すみません。
　　 明日、テストですから、ちょっと…。

03

❶ A 昨日、どこへ行きましたか。
　 B 友だちのうちへ行きました。
　 A 何をしに行きましたか。
　 B 勉強をしに行きました。

❷ A 昨日、どこへ行きましたか。
　 B 学校へ行きました。
　 A 何をしに行きましたか。
　 B 先生に会いに行きました。

❸ A 昨日、どこへ行きましたか。
　 B ジムへ行きました。
　 A 何をしに行きましたか。
　 B 運動に行きました。

❹ A 昨日、どこへ行きましたか。
　 B デパートへ行きました。
　 A 何をしに行きましたか
　 B 買い物に行きました。

❺ A 昨日、どこへ行きましたか。
　 B 公園へ行きました。
　 A 何をしに行きましたか。
　 B 散歩に行きました。

정답 및 스크립트

들어보자

01
① C / 7　② A / 3　③ C / 1
④ B / 5　⑤ A / 8

예 A 昨日、何をしましたか。
　　B デパートへ行きました。
　　A 何をしに行きましたか。
　　B ケーキを食べに行きました。

① A 昨日、何をしましたか。
　　B 図書館に行きました。
　　A 何をしに行きましたか。
　　B 日本の雑誌を読みに行きました。

② A 昨日、何をしましたか。
　　B 公園へ行きました。
　　A 何をしに行きましたか。
　　B 遊びに行きました。

③ A 図書館に行きませんか。
　　B いいですね。何をしに行きましょうか。
　　A 先生に会いに行きましょう。

④ A デパートへ行きませんか。
　　B いいですね。何をしに行きましょうか。
　　A 買い物に行きましょう。

⑤ A 公園へ行きませんか。
　　B いいですね。何をしに行きましょうか。
　　A 散歩に行きましょう。

14 私もおいしいものが食べたいです。

말해보자

01
① A 音楽を聞きながら、何をしますか。
　　B 音楽を聞きながら、歌を歌います。

② A お菓子を食べながら、何をしますか。
　　B お菓子を食べながら、テレビを見ます。

③ A 歩きながら、何をしますか。
　　B 歩きながら、電話をかけます。

④ A 地下鉄を待ちながら、何をしますか。
　　B 地下鉄を待ちながら、単語を覚えます。

⑤ A 散歩をしながら、何をしますか。
　　B 散歩をしながら、写真を撮ります。

02
① A 今、何が(を)したいですか。
　　B 買い物が(を)したいです。
　　A 何が(を)買いたいですか。
　　B パソコンが(を)買いたいです。

② A 今、何が(を)したいですか。
　　B 料理が(を)習いたいです。
　　A どんな料理が(を)習いたいですか。
　　B 日本料理が(を)習いたいです。

③ A 今、何が(を)したいですか。
　　B 泳ぎたいです。
　　A どこで泳ぎたいですか。
　　B 海で泳ぎたいです。

④ A 今、何が(を)したいですか。
　B 映画が(を)見たいです。
　A 誰と見たいですか。
　B 恋人と見たいです。

⑤ A 今、何が(を)したいですか。
　B 旅行に行きたいです。
　A いつ行きたいですか。
　B 来月行きたいです。

03

① A 今、何がほしいですか。
　B 犬がほしいです。
　A どうしてですか。
　B 犬はかわいいからです。

② A 今、何がほしいですか。
　B 休みがほしいです。
　A どうしてですか。
　B 仕事が大変だからです。

③ A 今、何がほしいですか。
　B ケータイがほしいです。
　A どうしてですか。
　B 今のケータイが不便だからです。

④ A 今、何がほしいですか。
　B お金がほしいです。
　A どうしてですか。
　B 留学するからです。

⑤ A 今、何がほしいですか。
　B 日本人の友だちがほしいです。
　A どうしてですか。
　B 日本語で話したいからです。

들어보자

01

❶ a ❷ b ❸ a ❹ a

예 A 今、何がしたいですか。
　B お菓子を食べながら、
　　テレビが見たいです。

① A 今、何がしたいですか。
　B お酒を飲みながら、
　　友だちと話したいです。

② A 今、何がしたいですか。
　B 音楽を聞きながら、
　　ゆっくり休みたいです。

③ A 今、何がしたいですか。
　B 散歩しながら、写真が撮りたいです。

④ A 今、何がしたいですか。
　B 恋人と話しながら、
　　ごはんが食べたいです。

15 3つ目の駅で降りてください。

말해보자

01

① A 漢字で書いてください。
　B はい、わかりました。

② A 早く帰ってください。
　B はい、わかりました。

③ A 日本語で話してください。
　B はい、わかりました。

④ A 単語を覚えてください。
　B はい、わかりました。

⑤ A 毎日運動してください。
　B はい、わかりました。

02

① A 佐藤さんは何をしていますか。
　B 電話をかけています。

② A キムさんは何をしていますか。
　B 写真を撮っています。

③ A 山田さんは何をしていますか。
　B 料理を作っています。

④ A 中村さんは何をしていますか。
　B 歌を歌っています。

⑤ A パクさんは何をしていますか。
　B ピアノを弾いています。

⑥ A チェさんは何をしていますか。
　B お酒を飲んでいます。

⑦ A イさんは何をしていますか。
　B 友だちと話しています。

⑧ A アンさんは何をしていますか。
　B 踊っています。

들어보자

01

① g　② a　③ c　④ e　⑤ b　⑥ f

예 A アンさんは何をしていますか。
　B 中村さんと話しています。

① A パクさんは何をしていますか。
　B アイスクリームを食べています。

② A 佐藤さんは何をしていますか。
　B 写真を撮っています。

③ A 山田さんは何をしていますか。
　B 寝ています。

④ A 鈴木さんは何をしていますか。
　B 音楽を聞きながら、コーヒーを飲んでいます。

⑤ A チェさんは何をしていますか。
　B 歌を歌いながら、歩いています。

⑥ A イさんは何をしていますか。
　B ベンチに座って、電話をかけています。

16 写真を見てもいいですか。

말해보자

01

① A どうしたんですか。
B 財布をなくしてしまいました。

② A どうしたんですか。
B 会社に遅れてしまいました。

③ A どうしたんですか。
B 5キロ太ってしまいました。

④ A どうしたんですか。
B お金をたくさん使ってしまいました。

⑤ A どうしたんですか。
B 友だちとけんかをしてしまいました。

02

① A 明日、会社を休んでもいいですか。
B はい、休んでもいいです。
いいえ、休んではいけません。

② A ここに座ってもいいですか。
B はい、座ってもいいです。
いいえ、座ってはいけません。

③ A 友だちを連れてきてもいいですか。
B はい、連れてきてもいいです。
いいえ、連れてきてはいけません。

④ A 店の前に車を止めてもいいですか。
B はい、止めてもいいです。
いいえ、止めてはいけません。

⑤ A 隣に荷物を置いてもいいですか。
B はい、置いてもいいです。
いいえ、置いてはいけません。

03

① A 朝ごはんを食べて、何をしますか。
B 新聞を読んで、歯を磨きます。

② A 歯を磨いて、何をしますか。
B 服を着て、うちを出ます。

③ A うちを出て、何をしますか。
B 地下鉄に乗って、学校へ行きます。

④ A 学校へ行って、何をしますか。
B 勉強をして、先生と話します。

⑤ A 先生と話して、何をしますか。
B 昼ごはんを食べて、友だちと遊びます。

⑥ A 友だちと遊んで、何をしますか。
B うちへ帰って、テレビを見ます。

⑦ A テレビを見て、何をしますか。
B 晩ごはんを食べて、
シャワーを浴びます。

⑧ A シャワーを浴びて、何をしますか。
B 恋人に電話をかけて、夜12時に寝ます。

정답 및 스크립트

들어보자

01
① X ② O ③ O ④ X ⑤ O ⑥ X

예 A 今日、お風呂に入ってもいいですか。
　 B 熱があるから、入ってはいけません。

① A ここで写真を撮ってもいいですか。
　 B 写真ですか。
　　 ここでは撮ってはいけません。

② A エアコンをつけてもいいですか。
　 B そうですね。ここ、暑いですね。
　　 つけてもいいですよ。

③ A 隣に座ってもいいですか。
　 B ええ、どうぞ座ってください。

④ A 学校に犬を連れてきてもいいですか。
　 B 犬ですか。それはちょっと…。

⑤ A ここに荷物を置いてもいいですか。
　 B どうぞ。置いてください。

⑥ A 辞書を借りてもいいですか。
　 B すみません。今私が使っていますから。

17 北海道に行ったことがありますか。

말해보자

01

① A 外国に住んだことがありますか。
　 B はい、(住んだことが)あります。
　 A どこに住みましたか。
　 B イギリスに住みました。

② A 芸能人に会ったことがありますか。
　 B はい、(会ったことが)あります。
　 A いつ会いましたか。
　 B 先週会いました。

③ A 日本料理を作ったことがありますか。
　 B はい、(作ったことが)あります。
　 A 何を作りましたか。
　 B かつどんを作りました。

④ A 海外旅行に行ったことがありますか。
　 B はい、(行ったことが)あります。
　 A 誰と行きましたか。
　 B 家族と行きました。

⑤ A テレビに出たことがありますか。
　 B はい、(出たことが)あります。
　 A どんな番組に出ましたか。
　 B クイズ番組に出ました。

02

① A 寝る前に、何をしますか。
　 B 寝る前に、歯を磨きます。

② A デートに行く前に、何をしますか。
　 B デートに行く前に、化粧をします。

③ A 部屋に入る前に、何をしますか。
　 B 部屋に入る前に、くつを脱ぎます。

④ A 留学する前に、何をしますか。
　 B 留学する前に、日本語を習います。

⑤ A うちに帰る前に、何をしますか。
　 B うちに帰る前に、宿題を出します。

03

① A 運動をした後で、何をしますか。
　 B 運動をした後で、シャワーを浴びます。

② A うちに帰った後で、何をしますか。
　 B うちに帰った後で、単語を覚えます。

③ A レポートを書いた後で、何をしますか。
　 B レポートを書いた後で、
　　 メールで送ります。

④ A 授業が終わった後で、何をしますか。
　 B 授業が終わった後で、質問をします。

⑤ A 会社を辞めた後で、何をしますか。
　 B 会社を辞めた後で、大学院に入ります。

들어보자

01

① O / a　② X / c　③ O / b　④ X / a

예 A キムさんは日本の本を読んだことがありますか。
　 B はい、読んだことがあります。
　 A どんな本を読みましたか。
　 B 雑誌を読みました。

① A アンさんは海外旅行に行ったことがありますか。
　 B はい、行ったことがあります。
　 A 誰と行きましたか。
　 B 友だちと行きました。

② A 佐藤さんは料理を作ったことがありますか。
　 B いいえ、ありません。
　　 でも、かつどんが作りたいです。

③ A 鈴木さん、芸能人を見たことありますか。
　 B はい、あります。
　 A どこで見ましたか。
　 B デパートで見ました。

④ A チェさんは外国に住んだことがありますか。
　 B いいえ、住んだことはありませんが、旅行に行ったことはあります。
　 A どこに行きましたか。
　 B 日本とカナダに行きました。

18 花火を見たり、まつりに行ったりしました。

말해보자

01

① A 暇な時は何をしますか。
B 友だちとおしゃべりをしたり、雑誌を読んだりします。

② A 夜は何をしますか。
B 日記を書いたり、友だちにメールを送ったりします。

③ A 休みの日は何をしますか。
B 昼寝をしたり、料理を作ったりします。

④ A 昨日は何をしましたか。
B 犬と遊んだり、友だちに会ったりしました。

⑤ A 夏休みに何をしましたか。
B ジムに行ったり、山に登ったりしました。

02

① A いつ、日本語を始めましたか。
B 先月、始めたばかりですから、まだ下手です。

② A いつ、昼ごはんを食べましたか。
B さっき、食べたばかりですから、おなかがいっぱいです。

③ A いつ、この車を買いましたか。
B 去年、買ったばかりですから、まだ新しいです。

④ A いつ、会社に入りましたか。
B 3ヵ月前に入ったばかりですから、毎日忙しいです。

⑤ A いつ、韓国に来ましたか。
B 半年前に来たばかりですから、まだ韓国語が難しいです。

03

① A 自転車に乗ることができますか。
B はい、(乗ることが)できます。
いいえ、(乗ることが)できません。

② A ピアノを弾くことができますか。
B はい、(弾くことが)できます。
いいえ、(弾くことが)できません。

③ A 毎朝5時に起きることができますか。
B はい、(起きることが)できます。
いいえ、(起きることが)できません。

④ A 英語を教えることができますか。
B はい、(教えることが)できます。
いいえ、(教えることが)できません。

⑤ A 車を運転することができますか。
B はい、(運転することが)できます。
いいえ、(運転することが)できません。

들어보자

01

田中 ❶ ○ ❷ ○ ❸ X

パク ❶ X ❷ X ❸ ○

田中　パクさんは暇な時は何をしますか。

パク　買い物をしたり、ドライブに行ったりします。

田中　パクさんは運転することができますか。

パク　はい、できます。田中さんは運転することができませんか。

田中　いいえ、できますが、韓国では運転したことがありません。

パク　田中さんは何をしますか。

田中　日本ではピアノを弾いたり、ギターを弾いたりしました。でも、韓国にはピアノがありませんから、ギターを弾いたりします。

パク　田中さんはピアノもギターも弾くことができますか。

田中　ええ、ピアノは小学校に入る前から、ギターは大学に入った後で習いました。パクさんはどうですか。

パク　私はピアノも、ギターも弾くことができません。

田中　そうですか。でも、パクさんは日本語も英語も上手ですから、うらやましいです。私はまだ英語で話すことはできませんから。

パク　そうですか。

19 パソコンは使わないでください。

말해보자

01

① A コーヒー、飲む?
　B うん、飲む。
　　ううん、飲まない。

② A 今日、友だちに会う?
　B うん、会う。
　　ううん、会わない。

③ A 明日、学校へ来る?
　B うん、来る。
　　ううん、来ない。

④ A 週末、約束、ある?
　B うん、ある。
　　ううん、ない。

⑤ A よく、辛い物、食べる?
　B うん、食べる。
　　ううん、食べない。

02

① A 危ないから、
　　ここで遊ばないでください。
　B はい、わかりました。

② A 犬が嫌いだから、
　　犬を連れてこないでください。
　B はい、わかりました。

③ A 店の前だから、
　　ごみを捨てないでください。
　B はい、わかりました。

④ A 授業中だから、電話に出ないでください。
　B はい、わかりました。

⑤ A 熱があるから、
　　お風呂に入らないでください。
　B はい、わかりました。

03

① A 短く切ってください。
　B はい、わかりました。
　　短く切ります。

② A 早く学校へ来てください。
　B はい、わかりました。
　　早く学校へ来ます。

③ A きれいに洗ってください。
　B はい、わかりました。
　　きれいに洗います。

④ A 簡単に話してください。
　B はい、わかりました。
　　簡単に話します。

⑤ A 真面目に勉強をしてください。
　B はい、わかりました。
　　真面目に勉強をします。

들어보자

01

❶ a ❷ c ❸ b

예 A 今日はお風呂に入ってもいいですか。
B 熱があるから、入らないでください。
A シャワーはどうですか。
B シャワーは浴びてもいいです。
A お酒は飲んでもいいですか。
B お酒も飲まないでください。

❶ A 図書館で本を借りてもいいですか。
B はい、いいですよ。
でも、本に何も書かないでください。
A 隣の人と話してもいいですか。
B 話さないでください。
静かにしてください。
A ごはんを食べてもいいですか。
B ごはんを食べてはいけません。
図書館の中では食べないでください。

❷ A 授業中、韓国語で話してもいいですか。
B 日本語の授業ですから、韓国語で
話さないでください。
A 電話に出てもいいですか。
B 出てはいけません。出ないでください。
A 辞書は見てもいいですか。
B はい、辞書は見てもいいです。

❸ A 犬を連れてきてもいいですか。
B だめですよ。
連れてこないでください。
A ケータイを使ってもいいですか。
B ケータイも使わないでください。
A 音楽を聞いてもいいですか。
B 聞いてもいいですよ。

20 ここは賑やかすぎて、住みにくいです。

말해보자

01

❶ A 田中さんのパソコンは使いやすいですか。
　B はい、使いやすいです。
　　いいえ、使いにくいです。

❷ A このテレビは見やすいですか。
　B はい、見やすいです。
　　いいえ、見にくいです。

❸ A 山田さんのレポートは読みやすいですか。
　B はい、読みやすいです。
　　いいえ、読みにくいです。

❹ A 先生の話はわかりやすいですか。
　B はい、わかりやすいです。
　　いいえ、わかりにくいです。

❺ A この町は住みやすいですか。
　B はい、住みやすいです。
　　いいえ、住みにくいです。

02

❶ A どうしたんですか。
　B ごはんを食べすぎて、お腹が痛いです。

❷ A どうしたんですか。
　B 働きすぎて、とても疲れています。

❸ A どうしたんですか。
　B この部屋は狭すぎて、生活しにくいです。

❹ A どうしたんですか。
　B 彼は真面目すぎて、話しにくいです。

들어보자

01

❶ ◯ ❷ X ❸ X ❹ X

🔘 キムさんはこのパソコンを買いますか。

中村　キムさん、このパソコンいいですね。
キム　あ、これ新しいモデルのパソコンですね。本当にいいですね
中村　それなら、これを買いますか。
キム　そうですね。本当に買いたいですが、私には高すぎますね。

❶ 田中さんはこの靴を買いますか。

アン　田中さん、この靴はどうですか。
田中　すてきですね。
アン　ええ、それに軽いですよ。
田中　本当ですね。とても軽いですね。
アン　でも、ヒールが低すぎますね。田中さんは高いヒールが好きですから。
田中　そうですが、歩きやすいくつがほしいですから、買います。それに、ハイヒールはたくさんありますから。

❷ チェさんはこの町に引っ越しますか。

高橋　チェさん、この町はどうですか。学校から近くて、いいですね。
チェ　そうですね。学校から近いから、学校には通いやすくていいですが、にぎやかすぎて…。
高橋　でも、いろいろな店も多いから、買い物もしやすくありませんか。
チェ　それはそうですが、私は静かな町が好きですから…。
高橋　そうですか。

❸ この二人は図書館に行きますか。

田中　今日図書館に行って、一緒に勉強しませんか。
アン　図書館ですか。
田中　ええ、図書館は静かで勉強しやすいから…。
アン　そうですか。私には静かすぎて、勉強しにくいです。
田中　アンさんは、図書館では勉強しにくいですか。
アン　ええ、私は単語を読みながら、覚えますから、図書館では勉強しにくいです。

❹ 鈴木さんは田中先輩に会いますか。

パク　鈴木さんはどんな人が好きですか。
鈴木　優しくて、おもしろい人が好きです。
パク　そうですか。真面目な人はどうですか。
鈴木　真面目な人も好きですよ。
パク　それなら、田中先輩はどうですか。
鈴木　うーん、でも、田中先輩は真面目すぎて、少し話しにくいですから、ちょっと…。
パク　そうですか。